JN303250

「企業等不祥事における第三者委員会ガイドライン」の解説

日本弁護士連合会 弁護士業務改革委員会［編］

商事法務

　　　　　はしがき

1．不祥事の頻発と第三者委員会への注目

　今やこの国で不祥事が話題にならない日はない。企業や団体に言うに及ばず、社会保険庁をはじめとする国家機関でも不祥事が続出している。大阪地検特捜部での証拠ねつ造事件がきっかけで、検察庁全体のあり方が問われている。警視庁外事３課からの捜査協力者の個人情報流出も疑われている。はては国技と言われる財団法人相撲協会までが賭博や八百長で揺らいでいる。

　企業の不祥事は会社存亡の危機をもたらす。証券市場での売り浴びせを受けて株価は暴落する。消費市場ではスーパーやコンビニからの返品が相次ぎ、商品は廃棄を免れない。金融機関は信用毀損の予兆と見て資金の引き上げを急ごうとする。政府機関の不祥事は内閣の命運にまで関わる。社長や組織のトップが如何に弁明し如何に謝罪しようともメディアスクラムによる攻撃の火の手は高まるばかりである。

　社会的信用を失墜した組織が信用を回復し、壊滅的な企業価値の毀損を免れようとするならば、企業や組織が徹底した事実調査と原因究明を行い、その責任の所在を明らかにし、その責任者が潔く責

「企業等不祥事における第三者委員会ガイドライン」の解説

任を取った上で、実効性のある再発防止策を実施する事が必須である。しかし、隠蔽体質と批判され、メディアの総攻撃を受け消費者や国民から見放された企業や組織が内部で調査を行ったところで、その調査結果が信頼されるわけもない。

そうとなれば、もはや組織外の力に頼らざるを得ない。

そこで、究極の組織の危機管理（クライシスマネジメント）の方法として当該組織から独立した弁護士・公認会計士・有識者など公正中立が期待される外部の第三者による第三者委員会が設置されることとなる。第三者委員会の役割としては徹底した事実調査と透明性の高い結果公表および再発防止策の提言ならびに委員会自身によるメディアや証券市場への説明責任まで含まれる。これらがワンセットとして機能することにより、当該組織が社会からの信頼をとりもどし危機的状況を乗り切る事が期待される。

最近数年間の間に、注目された第三者委員会の実例だけに限っても

① パロマ工業一酸化炭素中毒事件　2006年12月
② 日興コーディアルグループ不正会計事件　2007年1月
③ ＮＨＫ記者等のインサイダー取引事件　2008年4月
④ カブドットコムのインサイダー取引事件　2009年7月
⑤ あおぞら銀行行員のインサイダー取引事件　2009年11月
⑥ 西日本旅客鉄道事故調査委員への働きかけ事件　2009年11月
⑦ NBL編集倫理違反事件　2010年3月　など枚挙に暇がない。

2．第三者委員会の問題点と弁護士の役割

しかし、ここで注意すべき事は第三者委員会を作りさえすれば自動的に社会の当該企業に対する信用が回復するわけではないということである。

　第三者委員会によって危機的な状況に至った企業がその危殆に瀕した状況から脱出するメカニズムは単純ではない。まず第三者委員会という企業から独立した存在が徹底した事実調査と原因究明を行い、その責任の所在を明らかにする。次に被対象企業の側もその責任者が潔く責任を取った上で、さらに実効性のある再発防止策を実施するという一連のプロセスにある。このプロセスが社会から企業自身の自浄作用と認められて初めて企業は社会からの信頼を取り戻すのである。

　しかし、現実には、危機状態に陥った企業が表面的な信頼回復を求めて著名人や社会的のある地位の人物を集め形式的に第三者委員会を僭称する組織を立ち上げると発表しながら、その第三者委員会は経営陣の傀儡に過ぎないこともある。

　その結果として、
① 調査をしない
② 調査をしてもおざなりで真相を剔らない
③ 調査結果の報告・発表をしない
④ 発表しても経営陣の覚悟とか研修の充実などというありきたりの再発防止策の提言に終わることも少なくない。

甚だしいものに至っては
⑤ 第三者委員会の立ち上げをアナウンスしただけで人選も行わず、マスコミの追求が静まり、世間も忘れ去るのを待って、うやむやにしてしまう例まである。

「企業等不祥事における第三者委員会ガイドライン」の解説

　このような第三者委員会は世間を惑わし、欺くものと言える。こうしたエセ第三者委員会の跋扈跳梁を防ぐためには一定の公的色彩を持つ機関が、第三者委員会の原則や要件定義をする必要がある。さらに、委員の選任基準や具体的な活動指針を定め、事実調査のスコープや事実の認定・評価の手法、開示の時期・方法などのガイドラインも必要である。

　しからばこのルール作りを誰が担うべきなのであろうか。

　第三者委員会の多くが証券取引所に上場している上場企業で利用されることから、市場規律の公正性に責任を有する証券取引所自主規制法人や証券業協会、有価証券報告書の正確性に責任を持つべき金融庁や財務省が規則やルールとして定める事が考えられる。しかし、第三者委員会とは任意の組織で、そもそも設置に法的な根拠もない。このような存在に公的機関が直接、規制をかけることには抵抗感も強い。また、上場企業のみならず、官公署や病院、学校、独立行政法人など金融商品取引と無関係な組織においても第三者委員会設置のニーズは高まっている。

　そうであれば第三者委員会に関与する機会の多いプロフェッションの団体がベストプラクティスに基づいて一種のソフトローとしてガイドラインを策定することが望ましい。

　特に近時、証券取引所や証券業協会、公認会計士・監査法人等と並んで組織の公正性担保のために社会的に重要な役割を果たしているのが弁護士・法律事務所である。いかなる対象組織といえども、弁護士が全く関与しない第三者委員会を想定すること自体不可能である。

　この点についてはかねて金融庁や証券取引等監視委員会（SESC）

からも第三者委員会が独立した客観的な調査を行うためのフレームワーク策定の必要性が主張され、日弁連に対しても問題提起がなされてきた。

弁護士の自治組織である日本弁護士連合会がこの役割を担う権限を有することは自明であり、逆に、第三者委員会設置の基本原則や委員の人選、活動指針などを明確に定めておかなければ弁護士全体に対する信頼感が低下する恐れが強い。

そこで今般、このような社会的な要請に応えて、日本弁護士連合会は当時の「法的サービス企画推進センター」に置かれた「企業の社会的責任（CSR）と内部統制に関するＰＴ」に「企業不祥事における第三者委員会に関する検討チーム」を立ち上げて、専担的にこの問題に取り組むこととなった。

本ガイドラインはその成果であり、第三者委員会を適正に運営し、一層社会の期待に応えるものとするための自主的なガイドラインであり、現時点でのベスト・プラクティスをとりまとめたものと言える。

3．第三者委員会の任務と弁護士の通常業務の違い

もちろん、先に述べたいくつかの問題のある第三者委員会に関わった弁護士達に不祥事の隠蔽や幕引きのために活動する意図があったとは信じがたいが、意図はなくても従来型の弁護士の役割とは依頼者の個別利益を守るものであり、それこそが弁護士倫理にかなうものであるとする考え方さえも存在した。

確かに、弁護士が常態として携わってきた業務は、原告と被告と

「企業等不祥事における第三者委員会ガイドライン」の解説

いう対立構造に立つ争訟や、訴追する側と防御する側が対峙する刑事弁護であった。そこでは弁護士の活動は「依頼者のために」が大原則となっており、依頼者への忠実義務が弁護士倫理の原点であることに疑いの余地はなかった。弁護士の忠実義務や善管注意義務も全て依頼者たる当事者との関係で理解されてきたのである。

しかし、第三者委員会の存在意義を考えたとき、この原則を単純に適用することはできない。現実に依頼をし、費用を負担するものが、直ちに第三者委員会の真の依頼者とは言えないからである。前述したとおり第三者委員会の役割は直接、依頼企業や組織に利益をもたらしたり、不利益を回避することではない。第三者委員会の設置目的は前述したとおり企業から独立した組織として調査・事実認定と評価・原因分析・責任の所在・再発防止策の提言などを行うことで、結果として企業や組織の自浄作用を示すことにより信頼を回復するところにある。したがって経営者や関係者達が調査の対象になることは必定である。表面的には現場担当者や営業窓口の不正や任務の懈怠に見えても、原因を分析してみればその真因は内部統制システムの機能不全であったり、役員レベルでの義務違反や監督不十分などコーポレート・ガバナンスの機能不全にあることは少なくない。責任の所在を調査していけば経営者自身の責任ということもあり得る。そうしてみると企業の危機管理対策として第三者委員会を設置した経営層の思惑と第三者委員会の目指す方向が矛盾する場合も想定される。すなわち、第三者委員会と経営陣との間には潜在的な対立関係が存在すると言わざるを得ない。

確かに形式的には取締役会が第三者委員会の設置を決定し、代表取締役が委任者となり、受任者である第三者委員会の委員達と契約

を締結する。委員会の費用や報酬を協議決定し、支払うのも代表取締役である。しかし、第三者委員会が彼らを通常事件の依頼者と同様に取り扱い、その不利益を回避し、利益を擁護したところで企業は社会の信頼を回復することはできない。第三者委員会自体が経営者や組織トップの代理人となったのでは社会は当該組織の自浄作用とは受け止めないからである。それでは結果として第三者委員会は期待された企業の危機管理を果たすことができない。ここに真の依頼者は誰かという点において今までの弁護士の業務と全く異なった問題が発生することとなったのである。

4．真の依頼者は経営者ではなく、ステークホルダーあるいは社会総体である

すなわち、第三者委員会においては形式的な依頼者たる経営陣と、真の受益者とは分離され、真の受益者とは従業員や株主や取引先というステークホルダーと考える説がある。しかし、それではまだ狭すぎる。極端な例だが、第三者委員会が企業の財務を徹底調査した結果、債務超過が判明した場合、会社は破綻し、証券取引所の上場は廃止され、従業員も株主も取引先も損害を被る場合さえ考えられる。そのような場合には第三者委員会はステークホルダーのために真実を隠蔽してよいものであろうか。

私たちは、それは「否」であるとの結論に達した。

そのような隠蔽を行えば、無理な上場が維持され、新たな投資家が粉飾決算を知らずに投資に加わり、取引はさらにふくらんで不良債権は雪だるま的にふくれあがる。その結果、取引先は更に損害を

ふくらませ、従業員は退職金や年金さえも支払われない状況に至る。このような企業に退場を命じなかった金融商品取引所や規制機関は信頼を失い、マーケットはこの国を見放すかも知れない。第三者委員会としても事実を隠蔽し、虚偽の報告を提出した責任を問われる事態もあり得よう。

すなわち、真の依頼者とは直接的なステークホルダーを越えて投資家、証券取引所、監督官庁にも及ぶのである。その結果、第三者委員会は社会全体、マーケットメカニズムそのものを依頼者と考えなければならなくなる。

だからこそ不祥事を起こした企業や経営陣が不利益を被ろうとも、第三者委員会は徹底した調査により原因の分析評価を行い、それらの事実と評価を開示する事を求められるのである。真の依頼者とはまさにそのような行動を第三者委員会に期待する社会総体と言うことになるであろう。

5．第三者委員会が成功するためには当該企業と協働することが求められる

だからこそ第三者委員会を依頼する組織のトップは、自己の保身のために依頼するのではなく、組織の存亡を賭けて第三者委員会の徹底した調査と原因究明と再発防止策の提言に期待し、その実行を覚悟すべきなのである。徹底した調査の実施と有効性の高い再発防止策の提出のためには組織をあげた協力が必要である。企業や当該組織全体の全面的な協力がなければ、捜索差し押さえの権限や逮捕・拘留権限を持たない第三者委員会が真相に肉薄することは不可能で

はしがき

ある。その協力とはまずトップが自ら第三者委員会の事実調査に対して全てを開示すると共に組織全員に対して業務命令として全面的な調査協力を命ずることである。その意味で第三者委員会の活動は組織トップとの共同作業にならざるを得ない。この協働に失敗すれば第三者委員会は事実調査の段階から十分な実をあげることがかなわず、的確な報告書を作成・開示することはできない。組織もまた、社会に対する説明責任を果たすことにより自浄作用を示し、社会から信任を取り付けることに失敗する。企業の社会的責任（CSR）をベースとして、危機を克服し、企業価値を復活させることに関して、トップと第三者委員会は運命共同体ともいえるのである。

6．本書の狙いと執筆者達の願い

すでに述べたとおり、複雑な現代社会が求める第三者委員会は弁護士の新しい業務分野であり、危急存亡の断崖に追い込まれた企業や組織が取るべき起死回生のクライシスマネジメント施策である。新しい分野を担当する弁護士には新しい倫理と新しい手法が求められる。

第三者委員会の歴史はまだ新しく、対象となる企業や組織の引き起こす事件や組織風土は千差万別を極める。その意味で、本書もまた未だ完全なものとも、模範ともいえない。

本書は多数の第三者委員会に関与し、組織を蘇らせる苦労を、とことん味わった弁護士達が失敗や試練の中で体得したプラクティスのうち、汎用性があり現時点ではベストと思われるものを中心に論述した。さらに、その具体的な体験のみならず、関係諸機関の中枢

「企業等不祥事における第三者委員会ガイドライン」の解説

にある方々のヒアリングにより指摘された多くの視点を参考にさせていただいた。ヒアリングに協力していただいた検察庁、金融庁、東京証券取引所をはじめとする関係各位には心からお礼申し上げる次第である。

　本書がベテランの弁護士のみならず、初めて第三者委員会の委員や調査担当者となる弁護士達のガイドラインとして役立てば、日弁連の「企業不祥事における第三者委員会に関する検討チーム」全員の喜びである。

　なお、本書の刊行に当たっては日本弁護士連合会の関連各機関からの支援と協力に感謝する。また、㈱商事法務の大林譲社長には第三者委員会の重要性をご理解賜り、自ら積極的に編集にも当たっていただいた。心から御礼申し上げる次第である。

　　2011年2月
　　　　　日本弁護士連合会　弁護士業務改革委員会
　　　　　企業の社会的責任（CSR）と内部統制に関するＰＴ内
　　　　　企業不祥事における第三者委員会に関する検討チーム
　　　　　　　　　　　　座長　　弁護士　久保利 英明

目　次

はしがき──────────────────（久保利英明）

第1章　本ガイドライン策定の経緯──────（齊藤　誠）‥1

1．弁護士が関与する第三者委員会への批判と指摘 ‥‥‥‥ 1
2．日本弁護士連合会内に検討チームを組織して検討 ‥‥‥ 2
3．外部の専門家や東京証券取引所等との間における検討 ‥ 3
4．日本弁護士連合会における決定と公表 ‥‥‥‥‥‥‥‥ 3

第2章　本ガイドラインの概要と特徴──────（齊藤　誠）‥5

1．本ガイドラインの第三者委員会はステークホルダーに
   対する説明責任を果たす目的で設置するもの ‥‥‥‥‥ 5
   (1) 説明責任を果たす目的 ‥‥‥‥‥‥‥‥‥‥‥‥‥ 5
   (2) 再発の防止を主たる目的 ‥‥‥‥‥‥‥‥‥‥‥‥ 6
   (3) 提言は再発を防ぐための具体的なもの ‥‥‥‥‥‥ 6
   (4) 調査の対象 ‥‥‥‥‥‥‥‥‥‥‥‥‥‥‥‥‥‥ 7
   (5) 事実の評価と原因分析 ‥‥‥‥‥‥‥‥‥‥‥‥‥ 7
   (6) 事実認定 ‥‥‥‥‥‥‥‥‥‥‥‥‥‥‥‥‥‥‥ 8
   (7) 開示・公表 ‥‥‥‥‥‥‥‥‥‥‥‥‥‥‥‥‥‥ 8

「企業等不祥事における第三者委員会ガイドライン」の解説

 2．独立性・第三者性 ……………………………………… 9
  (1)　独立性・第三者性の必要性 ……………………… 9
  (2)　企業等からの委員会の独立性・中立性 ………… 10
  (3)　委員会の独立性・中立性を確保するための
    具体的指針 ………………………………………… 11
  (4)　委員の選任基準 …………………………………… 11
 3．依頼者である企業等の調査に対する全面的な協力 … 11
  (1)　企業の全面的な協力の必要性 …………………… 11
  (2)　企業の全面的な協力の具体的保証 ……………… 13
  (3)　協力が求められないときの措置 ………………… 13
 4．文　書　化 ……………………………………………… 14
 5．公的機関とのコミュニケーション …………………… 15
 6．そ　の　他 ……………………………………………… 16
 7．内部調査と第三者委員会 ……………………………… 16
 8．今後への期待 …………………………………………… 18

第3章　本ガイドライン前文の解説 ……………(野村修也)… 19

 1．はじめに ………………………………………………… 19
 2．本ガイドラインの射程について ……………………… 21
  (1)　企業等不祥事 ……………………………………… 21
  (2)　調査委員会の類型 ………………………………… 22
 3．第三者委員会の本質 …………………………………… 25
  (1)　戸惑いの原因 ……………………………………… 25
  (2)　実質的依頼者としてのステークホルダー ……… 26

4．監督官庁等との連携 ……………………………………… 27

第4章　本ガイドラインの逐条解説 ……………………………… 29

第1．第三者委員会の活動についての解説 ……（國廣　正）… 29
　　1．事実調査と事実認定、評価、原因分析 ………………… 29
　　　(1) 調査対象とする事実（調査スコープ）……………… 29
　　　(2) 事 実 認 定 ……………………………………………… 38
　　　(3) 認定事実の評価、原因分析 ………………………… 47
　　2．ステークホルダーに対する説明責任
　　　（調査報告書の開示）……………………………………… 50
　　　(1) ステークホルダーに対する説明責任
　　　　　（調査報告書の開示）についての原則 ……………… 51
　　　(2) 開示に関する具体的事項 …………………………… 52
　　　(3) 調査報告書の全部または一部を開示しない場合 …… 56
　　3．提　　　言 ………………………………………………… 57
　　　(1) 調査結果に基づく提言 ……………………………… 57
　　　(2) 原因論から導かれる「基本的な考え方」の提示 …… 58

第2．第三者委員会の独立性、中立性（ステークホ
　　　ルダーのための委員会）……………………（國廣　正）… 60
　　1．第三者委員会の独立性と実質的依頼者 ………………… 61
　　2．中立・公正な調査、すべてのステークホルダー
　　　のための調査 ……………………………………………… 63
　　3．客観的な調査 ……………………………………………… 66

「企業等不祥事における第三者委員会ガイドライン」の解説

  4．独立性、中立性を確保するための保障 ………………… 67
   (1)　第三者委員会の起案権 ………………………………… 67
   (2)　調査報告書の記載内容 ………………………………… 67
   (3)　調査報告書の提出前の非開示 ………………………… 68
   (4)　収集した資料等の取り扱い（第三者委員会の処分権）
     ……………………………………………………………… 68
  5．委員になれない者 ………………………………………… 70

第3．企業等の協力 ………………………………（國廣　正）… 72
  1．企業等による全面的な協力の必要性 …………………… 73
  2．第三者委員会が企業等に要求すべき事項 ……………… 74
   (1)　資料等へのアクセス保障 ……………………………… 75
   (2)　調査に対する優先的な協力 …………………………… 75
   (3)　調査事務局の設置 ……………………………………… 76
  3．協力が得られない場合の対応 …………………………… 77

第4．公的機関とのコミュニケーション …………（國廣　正）… 78
  1．第三者委員会と公的機関との関係 ……………………… 78
  2．上場企業の虚偽記載審査における第三者委員会と
   東京証券取引所自主規制法人の関係 …………………… 80

第5．委員等 ………………………………………（行方洋一）… 81
  1．委員および調査担当弁護士等 …………………………… 81
   (1)　委員の数 ………………………………………………… 81
   (2)　委員の適格性 …………………………………………… 83

(3)　調査担当弁護士 ………………………………………… 87
　2．調査を担当する専門家 …………………………………… 89
　　(1)　各種専門家の選任 ……………………………………… 89
　　(2)　調査会社の適格性チェック等 ………………………… 90

第6．その他 ………………………………………(行方洋一)… 91
　1．調査の手法など …………………………………………… 91
　　(1)　関係者に対するヒアリング …………………………… 92
　　(2)　書証の検証 ……………………………………………… 95
　　(3)　証拠保全 ………………………………………………… 97
　　(4)　統制環境等の調査 ……………………………………… 99
　　(5)　自主申告者に対する処置 ……………………………… 102
　　(6)　第三者委員会専用のホットライン …………………… 104
　　(7)　デジタル調査 …………………………………………… 105
　2．報酬について ……………………………………………… 107
　　(1)　時間制を原則 …………………………………………… 107
　　(2)　費用の事前説明 ………………………………………… 108
　3．辞　　任 …………………………………………………… 109
　4．文　書　化 ………………………………………………… 110

第5章　第三者委員会と内部調査（内部調査委員会）
　　　　　　　　　　　　　　　　　　　　……………(梅林　啓)… 113
　1．危機管理対応と企業の社会的責任 ……………………… 114
　2．危機管理対応の基本となる事実調査 …………………… 115
　　(1)　企業等の不祥事における危機管理対応 ……………… 115

(2) 危機管理対応における事実調査の位置付け ················ 117
　(3) 事実調査が必要となる不祥事の態様の整理 ················ 117
　(4) 内部調査の主催者 ·· 120
3．内部調査と第三者委員会との区別 ······································ 121
　(1) 内部調査と第三者委員会の相違点の整理 ···················· 121
　(2) 中　間　型 ·· 122
4．内部調査か第三者委員会か ·· 124
　(1) 初　動　調　査 ·· 125
　(2) 内部調査による調査結果に対して、客観性や中立
　　　性に疑問を投げかけられるおそれが少ない事案 ········· 127
　(3) 類型的に第三者委員会の設置を検討すべき事案 ········· 131
　(4) 第三者委員会設置の難しさ ··· 135
5．弁護士として期待される役割 ·· 136
　(1) 内部調査でよいか第三者委員会にすべきかの
　　　チェック ·· 136
　(2) 内部調査にすると判断した場合の客観性、中立性
　　　確保のための工夫 ·· 137

〈資料〉
「企業等不祥事における第三者委員会ガイドライン」の
策定にあたって（日本弁護士連合会） ····································· 138
（参考資料）
調査並びに再発防止策検討の委託に関する覚書（案） ············ 153

第 1 章

本ガイドライン策定の経緯

1．弁護士が関与する第三者委員会への批判と指摘

　2009年7月10日付の朝日新聞に「不正会計の第三者委員会の調査が杜撰」との記事が掲載された。企業が不祥事の後につくる「第三者委員会」において弁護士がこの委員に選任される機会が多いが、証券取引等監視委員会から、この弁護士も加わって構成された第三者委員会が作成する報告書にうその記載が見つかっているとの指摘がなされているとの報道がなされたものである。
　このような報道がなされ、かつこの報道においては、監視委員会は、日本弁護士会連合会に、弁護士が企業から独立した立場で調査するための新たな規律をつくるように働きかけるとしていた。
　このような指摘がなされること自体、弁護士という職務に対する信頼性にかかわる由々しき事態であることは論を待たないものである。これまでも、企業や組織において不祥事等の問題を生じた場合、

「企業等不祥事における第三者委員会ガイドライン」の解説

当該企業や組織自身が、第三者委員会を設置してこれに調査判断を行わせる場合，弁護士が第三者委員会の構成員としてこれに関与することが多く見受けられた。しかし，このような場合に、第三者委員会の対応が不適切であるとした場合に、特にその構成員である弁護士の関与のあり方が問題とされたのである。これはこのような第三者委員会の活動内容に関して、委員として加わった弁護士の影響が非常に大きいことの反映でもあると思わるものである。

2．日本弁護士連合会内に検討チームを組織して検討

そこで日本弁護士会連合会として自主的・積極的に、企業等の不祥事を調査するために構成される第三者委員会の活動内容についてのガイドラインについて、これを検討する専門チームを、当時の日本弁護士連合会の法的サービス企画推進センターにある、企業の社会的責任（CSR）と内部統制に関するプロジェクトチーム内に、新たに「企業不祥事における第三者委員会に関する検討チーム」を設置した。現在この検討チームは、弁護士業務改革委員会の企業の社会的責任（CSR）と内部統制に関するプロジェクトチーム内に引き継がれている。

そもそも第三者委員会というものは、不祥事等をおこした企業や組織自身が弁護士等に依頼して組織するものであるが、この検討チームにおける検討にあたっては、このような依頼の形式にもかかわらず、依頼主である企業等から独立した立場で、依頼された企業等のすべてのステークホルダーのために中立・公正で客観的な調査を行うためには如何なるガイドラインが必要かという点についての

第1章 本ガイドライン策定の経緯

議論を特に深めた。

3．外部の専門家や東京証券取引所等との間における検討

　ガイドラインの案をまとめるにあたっては、検察庁からは、最高検察庁次長検事　伊藤鉄男氏、東京証券取引所自主規制法人からは、株式会社東京証券取引所グループ　取締役兼代表執行役社長　齊藤惇氏　他、金融庁・証券取引等監視委員会からは、証券取引等監視委員会事務局総務課長　佐々木清隆氏　他、また学者からは麗澤大学教授　髙　巖氏、一橋大学教授　松本恒雄氏、ジャーナリストからは塚原政秀氏（いずれも肩書は当時）などの方々からも意見聴取を行った。とりわけ東京証券取引所、証券取引等監視委員会との間においては長時間の議論をおこなってガイドラインの案についての検討をした。

4．日本弁護士連合会における決定と公表

　本ガイドラインは、上記の検討チームにおいてガイドラインの原案を作成後、日本弁護士連合会内の関連委員会への意見聴取を経て、最終案を作成した上で、平成22年7月に日本弁護士連合会の理事会において承認され一般に公表されたものである。そして平成22年12月、ガイドラインの一部の字句修正ならびに配置の順序を変えた改訂版を公表している。

第 2 章

本ガイドラインの概要と特徴

　本ガイドラインの概要とその特徴について述べる。なお本解説書における「企業等不祥事における第三者委員会ガイドライン」(以下本ガイドラインという。)は、平成22年12月17日付の一部字句や並び順を変更した改訂版によるものである。

1．本ガイドラインの第三者委員会はステークホルダーに対する説明責任を果たす目的で設置するもの

(1) 説明責任を果たす目的

　一旦深刻な不祥事が発生すれば、企業や組織（企業等）は、ステークホルダーに対してマイナスの影響を与えている状態にあるといえる。この時の企業等は、不祥事の原因を自ら調査し、原因を究明して、これを克服するプロセスをステークホルダーに説明し、このマイナスの影響を克服する社会的責任があるのである。本ガイドライ

ンによる第三者委員会は、企業等がこの社会的責任を果たす目的で設置する委員会であるとした。

本ガイドラインの基本原則で「第三者委員会は、不祥事を起こした企業等が、企業の社会的責任（CSR）の観点から、ステークホルダーに対する説明責任を果たす目的で設置する委員会である」（第１部基本原則　第１．２．）と規定したのはこの趣旨である。

(2)　再発の防止を主たる目的

この本ガイドラインが対象としている第三者委員会は、上記のステークホルダーに対する説明責任を果たす目的のために、「不祥事の再発の防止」を主たる目的として、発生した不祥事の実態の調査を実施し、事実認定を行い、これを評価して原因を分析し、不祥事を発生させた根本原因を明らかにする活動を行うものであるとした。

したがって本ガイドラインによる第三者委員会は、経営に対して意見を具申する委員会でもなく、関係者の法的責任を判定・追求する委員会でもないとしたのである。

基本原則で、「第三者委員会の活動」（第１部基本原則　第１）において、「第三者委員会は、企業等において、不祥事が発生した場合において、調査を実施し、事実認定を行い、これを評価して原因を分析する」（第１部基本原則　第１．１．）としているのは、この趣旨である。

(3)　提言は再発を防ぐための具体的なもの

第三者委員会が作成する「提言」も、「調査結果に基づいて、再

発防止等の提言を行う。」(第1部基本原則　第1.3.)としているのは同様である。

　もちろんこの「提言」は、徹底した事実調査により明らかにされた不祥事の実態、原因と組織的問題点に応じた個別・具体的な、その不祥事を起こした企業にとってもっともふさわしいものでなければならないことは当然である。

　第三者委員会には、企業等が不祥事を起こさないように、今後実行すべき具体的な施策の骨格となるべき「基本的な考え方」を示すこと、つまり、第三者委員会のCSR、企業倫理、コーポレート・ガバナンス、コンプライアンス、内部統制についての「見識」に基づいて、不祥事の真因を解決する具体的な提言を作成することが求められるのである。

(4)　調査の対象

　そのため、本ガイドラインの、事実の調査、認定、評価についての基本原則においては、「調査の対象」を、「第一次的には不祥事を構成する事実関係であるが、それに止まらず、不祥事の経緯、動機、背景及び類似案件の存否、さらに当該不祥事を生じさせた内部統制、コンプライアンス、ガバナンス上の問題点、企業風土等にも及ぶ」(第1部基本原則　第1.1.(1))としたのである。

(5)　事実の評価と原因分析

　その結果、「事実の評価と原因分析」においては、法的責任の観点に限定されず、自主規制機関の規則やガイドライン、企業の社会的責任(CSR)、企業倫理等の観点から行われるものとした。

(6) 事実認定

そして「事実認定」にあたっては、上記の観点から不祥事の実態を明らかにするために、「各種証拠を十分に吟味し、自由心証により事実認定」（第2部指針 第1.1.(2)①）を行い、さらに不祥事の実態を明らかにするために、「法律上の証明による厳格な事実認定に止まらず、疑いの程度を明示した灰色認定や疫学的認定を行うことができる」と（第2部指針 第1.1.(2)②）した。

もちろんこのような権限をもつ第三者委員会であるから、いうまでもなく、その事実の評価と原因分析ならびに事実認定にあたっては、証拠に基づく客観的な事実認定が求められることは当然である。

(7) 開示・公表

ステークホルダーに対する説明責任を果たす目的からは、調査結果（調査報告書）はステークホルダーに対して開示・公表されることが原則となる。本ガイドラインが「第三者委員会は、すべてのステークホルダーのために調査を実施し、その結果をステークホルダーに公表することで、最終的には企業等の信頼と持続可能性を回復することを目的とする」（第1部 基本原則）と規定しているのはこの趣旨である。

特にこの「公表」に関しては、不祥事を起こして社会的批判を浴びている企業等の中には、批判をかわす時間稼ぎのために第三者委員会の設置についてはアナウンスするが、その後をうやむやにして逃げ切ろうとするものもある。このような事態を防止するため、第三者委員会は受任に際して、企業等との間で、第三者委員会設置の

アナウンスをすると同時に受任に際して定める事項として「調査結果の開示する時期を開示すること」として開示時期についてアナウンスすることにつき合意しておくことが必要であるとしているのである（第2部指針　第1.2.②）。

2．独立性・第三者性

(1)　独立性・第三者性の必要性

そもそも第三者委員会というものは、不祥事等をおこした企業や組織自身が、弁護士や公認会計士等に依頼して組織するもので、依頼の形式は、その企業や組織からの依頼となるものである。

これに対して本ガイドラインの基本原則では「第三者委員会は、依頼の形式にかかわらず、企業等から独立した立場で、企業等のステークホルダーのために、中立・公正で客観的な調査を行う」（第1部基本原則　第2.）とした。

第三者委員会の調査対象が企業等の組織的要因（内部統制、コンプライアンス、コーポレートガバナンス等）の部分まで及ぶとすると、その結果として経営陣の責任が問題になる場合が出てくる。経営陣は不祥事に対処するために第三者委員会を設置するが、その調査結果は、依頼した経営陣自身の責任（法的責任の場合もあるが、主として経営責任の場合が多い）にもつながりかねないので、ある意味では、第三者委員会と依頼主である経営陣は潜在的な対立構造に立つともいえるのである。しかし第三者委員会に調査を依頼する契約主体は、形式上は経営陣（代表取締役社長）ではあるが、第三者委員会の本

質は、経営陣から独立してその意思に左右されずに調査を行うという行動原理（独立性、第三者性）にあるのである。

　それは、そもそも第三者委員会が設置される目的が、調査結果に基づく説明責任を企業が果たすことにより社会の信頼を回復し、危機的状況から立ち直るためのものであるからである。第三者委員会は、不祥事による企業価値低下の危機にさらされている株主や投資家、あるいは不祥事への対応を誤って企業の経営が困難になった場合に犠牲にされる可能性のある取引先や従業員、さらには債権者、地域住民、そして当該企業の製品を購入する消費者など、多数のステークホルダーのために調査を行っているということができるのである。さらに厳しくいえば、企業の存続の危機を招きかない不祥事の場合には、第三者委員会はこの事実を隠蔽すべきではなく、したがって真の依頼者とは直接的なステークホルダーを超えて、社会全体そのものを依頼者と考えなくてはならないのである。この意味で、第三者委員会の実質的依頼者は、企業のすべてのステークホルダーであると考えることができるのである。

　本ガイドラインが、第三者委員会は、「依頼の形式にかかわらず」「企業等から独立した立場で」「ステークホルダーのために」調査を行うと定めたのはこの趣旨からである。

(2)　企業等からの委員会の独立性・中立性

　そのため本ガイドラインによる第三者委員会は、企業等から独立した委員のみをもって構成され、徹底した調査を実施した上で、専門家としての知見と経験に基づいて原因を分析し、必要に応じて具体的な再発防止策等を提言するタイプの委員会とした。

第2章　本ガイドラインの概要と特徴

(3)　委員会の独立性・中立性を確保するための具体的指針

この第三者委員会の独立性、中立で公正な立場を実践するための具体的な指針としては、起案権の専属（第2部指針　第2.1.）、調査報告書には企業等の現在の経営陣に不利となる場合であってもその事実と評価を記載すること（第2部指針　第2.2.）、調査報告書の提出前の依頼者である企業への不開示（第2部指針　第2.3.）、収集した資料の処分権の専有（第2部指針　第2.4.）を規定したのである。

(4)　委員の選任基準

この第三者委員会の、独立性・中立性を担保する客観的な状況を保証するものとして、委員の選任基準としても、「利害関係を有するものは、委員に就任することはできない。」（第2部指針　第2.5.）とした。この観点から排除されるべき「利害関係者」の具体的な例として、その企業から定期的に顧問料などの報酬を受領している顧問弁護士をあげたのである。

3．依頼者である企業等の調査に対する全面的な協力

(1)　企業の全面的な協力の必要性

第三者委員会の調査は、法的な強制力をもたない任意調査である。しかも、時間的制約の中で、少数の外部者（第三者委員会）が、いわば土地勘のない企業等で行う調査である。いかに有能な第三者委

員会であっても、企業等の協力を得られずに孤立してしまえば、十分な調査結果を得ることができない。しかしこれでは、企業等が第三者委員会を設置した目的が達成できなくなる。

したがって、調査の実効性を確保するためには企業等の全面的な協力が不可欠となるのである。

そこで、第三者委員会は、その任務を果たすため、企業等に対して、調査に対する全面的な協力のための具体的対応を求めるものとし、基本原則においては、「第三者委員会は、その任務を果たすため、企業等に対して、調査に対する全面的な協力のための具体的対応を求めるものとし、企業等は、第三者委員会の調査に全面的に協力する」(第1部基本原則　第3) と規定した。

しかし一方で調査結果は、依頼した経営陣自身の責任にもつながりかねないので、ある意味で第三者委員会と依頼主である経営陣は潜在的な対立構造に立つともいえる中で、「企業等による全面的な協力」の前提となる重要な要素は「役職員による危機意識の共有」と、とりわけ「トップの決断」にあるのである。

第三者委員会が取得すべき重要情報の多くは役職員の記憶の中にある。また、捜索差押の権限を持たない第三者委員会が企業等の内部に隠された証拠資料を入手することは極めて困難である。したがって、役職員に「第三者委員会による事実の究明に協力することが、企業等が危機的状況を脱するための最優先の職務である」という認識、つまり第三者委員会の調査に協力する動機と意欲を持たせることが、調査の実効性を上げるために極めて重要になる。そして、第三者委員会に協力して積極的に証言する役職員があれば、仮に否認を貫く役職員がいても、それを突き崩していくことが可能となる

のである。そこで重要になるのは企業等のトップの姿勢である。トップは本心から第三者委員会の徹底した調査を求めているのか、それとも世論に対するその場しのぎの風よけとして第三者委員会を利用しようとしているのか、役職員は敏感に感じ取る。内部統制論において、統制環境を基礎づける大きな要因はトップの姿勢であるとされるが、これは危機管理としての第三者委員会設置の際にも同様に当てはまるのである。

そもそも企業の存続がかかった未曾有の危機に直面したときは、第三者委員会を依頼する組織のトップは、自己の保身のために依頼するのではなく組織の存亡を賭けて第三者委員会の徹底した調査と原因究明と再発防止策の提言に期待し、その実行を覚悟すべきなのである。

(2) 企業の全面的な協力の具体的保証

このために企業に求める具体的なものとして、ガイドラインの指針では、資料等へのアクセスの保障、調査への優先的な協力を指示する業務命令を求める必要性、調査を補助する適切な人数の従業員等による事務局の設置を求める必要性を規定している。

(3) 協力が求められないときの措置

しかしながら企業等から仮に全面的な協力が得られない場合の第三者委員会側の対抗措置としては委員の辞任が認められるが（第2部指針　第6.3.）、そこにまで至らない個別の非協力等が存在した場合の対抗措置としては、企業等による十分な協力を得られない場合や調査に対する妨害行為があった場合、第三者委員会は、その非

協力や妨害行為の状況を調査報告書に記載することができると規定しているのである（第２部指針　第３.２.）。

4．文　書　化

　本ガイドラインにおいては、「第三者委員会は、第三者委員会の設置にあたって、企業等との間で、本ガイドラインに沿った事項を確認する文書を取り交わすものとする」（第２部指針　第６．その他４．）と規定している。

　本ガイドライン自体は、日本弁護士連合会が作成したものであって、弁護士を名宛人としたものであり、企業等にこれに沿った対応を直接求めているものではないものである。また、第三者委員会の活動は法的な強制力をもつものではないものである。

　そこで本ガイドラインの内容について、拘束力・実効力を持たせるためには、第三者委員会と企業等との間での合意が必要となるのである。また第三者委員会を設置する場合の公表に関してもきちんとした合意を取り交わしておくことが必要である。

　そこで、第三者委員会の設置に際しては、本ガイドラインに沿った第三者委員会の運営による調査が行われるよう、第三者委員会と企業等との間でこれらの合意を文書として取り交わしておくことが必要となってくるのである。そのために文書化の必要性について規定しているものである。

　なお、本書末尾に、本解説の参考資料として、筆者らで検討した文書化の例を掲載しているので参考とされたい。

5．公的機関とのコミュニケーション

　不祥事を起こした企業等においては、上場廃止の問題や刑事責任を追求される事態が当然に予想される。その際は、「調査の過程において必要と考えられる場合」には、検察庁などの捜査機関や、証券等監視委員会などの監督官庁、東京証券取引所などの自主規制機関などの公的機関との適切なコミュニケーションをとることができると規定した（第2部指針　第4．）。

　上場会社において虚偽記載などの問題が発覚した場合、その調査対象の企業の上場廃止などの処分などに第三者委員会の調査結果も直面することになる。刑事事件になる可能性がある場合には捜査機関の捜査の進行状況とも関連せざるを得ないものである。

　そもそも本ガイドラインによる第三者委員会は、経営陣のための弁護団ではなく、すべてのステークホルダーのために不祥事の事実関係を調査し、原因を究明し、再発防止を図るための機関であるのであるから、第三者委員会は公的機関と対立する立場にはないのである。

　したがって、公的機関による捜査、調査等が行われていても、企業等が第三者委員会を設置することは何ら妨げられず、第三者委員会は、公的機関の捜査、調査等と並行して必要な調査を行うことができるものである。

　この場合、第三者委員会側が公的機関による捜査、調査等の妨げにならないように注意して調査を行うのは当然であるが、それと同時に、公的機関の側にも、本ガイドラインによる第三者委員会設置

「企業等不祥事における第三者委員会ガイドライン」の解説

の趣旨を理解して、不必要に第三者委員会の活動を制約することのないように配慮することが求められるものである。

　しかし第三者委員会の活動に対する公的機関の配慮を可能にするのはあくまでも第三者委員会に対する信頼感であるから、第三者委員会は企業等とともに公的機関に対して本ガイドラインに基づく設置目的と活動原則を説明するなどして、理解を得ることが必要である。

6. その他

　本ガイドラインにおいては、上記の基本原則とその指針だけでなく、委員等についての指針として、委員および調査担当弁護士として、委員の数、委員の適格性、調査担当弁護士（第2部指針　第5.）と調査を担当する専門家についても規定（第2部指針　第5.2.）している。

　さらに第6．その他として、調査を実施する際の手法やその際の具体的なノウハウなども含まれている。

7. 内部調査と第三者委員会

　企業等が不祥事に直面したときに、内部調査（内部調査委員会）と第三者委員会とは、不祥事の内容、程度、関与者とその責任の程度などを解明し、証拠に基づいてその事実を認定するという「目的」、そして企業等が、不祥事への的確な対処を通じて失われた社会的信頼を回復し、再出発の第一歩を踏み出すという最終的な「目的」は、

第2章　本ガイドラインの概要と特徴

ほぼ共通と考えてよいと思える。

　しかしながら内部調査と本ガイドラインによる「第三者委員会」が根本的に違うのは、その実質的な主体である。企業等の不祥事について、事実調査を企業等が自らの手で行うのが内部調査であり、それを完全に外部の第三者に委ねるのが本ガイドラインによる「第三者委員会」なのである。

　不祥事に直面した企業等が、危機管理対応の一環として内部調査を実施し、真相の解明を行い、それに基づいて原因の解明と再発防止策を打ち出し、責任のある関係者を処分したとしても、その内部調査の結果の外部からの評価が信頼に足るといえるものでなければ、いつまでたっても危機管理対応は終了しないと言えるのである。その内部調査の結果が社会的に信用されない場合とは、内部調査の客観性や中立性に疑問がある場合である。たとえ外部の弁護士を内部調査に関与させても、客観性や中立性の疑問が払拭されない事案も存在するのである。

　本ガイドラインによる「第三者委員会」は、このような事案に対処するために、企業等から独立した調査組織とすることで、調査プロセスや調査結果の客観性や中立性を完全に確保し、調査結果の信頼性を担保しようとするものだと理解すれば、本ガイドラインの個々の内容はより理解しやすいものとなると思われる。反面からいえば本ガイドラインにそって組織され運営されるというプロセスが、その第三者委員会の調査結果の独立性・中立性を保障するものとなっているのである。

　企業等の不祥事に直面した際に、内部調査にとどめるのか、あるいはこの本ガイドラインに基づく「第三者委員会」による調査とす

るのかの、具体的な事例に則した判断に関しては、本解説書の第5章「第三者委員会と内部調査（内部調査委員会）」において詳細に明らかにされているところである。

8．今後への期待

　本ガイドラインは、第三者委員会があまねく遵守すべき規範を定めたものではなく、現時点でのベスト・プラクティスを取りまとめたものであるが、ここに一つのモデルが示されることで第三者委員会に対する社会の理解が一層深まることを願うものとなっている。今後第三者委員会の実務に携わる弁護士には、各種のステークホルダーの期待に応えつつ、さらなるベスト・プラクティスの構築に尽力されることを期待されるものである。

　なお本ガイドラインの作成にあたっては、作成の経緯にもあるように、とりわけ東京証券取引所、証券取引等監視委員会との間においては長時間の議論を行ってガイドラインの案についての検討をしているものである。

　そのため企業不祥事にあたって有効な効果を発揮しうるものとして、東京証券取引所や証券取引等監視委員会からの運用の推奨もあり、東京証券取引所が、平成22年8月に公表した「上場管理業務について－虚偽記載審査の解説－」においては、「第三者委員会の設置に関しては日本弁護士連合会策定『企業等不祥事における第三者委員会ガイドライン』をご参照ください。」と記載されているものであるので、今後においてさらなる積極的な活用が期待されるものである。

# 第 3 章

本ガイドライン前文の解説

1．はじめに

　企業等の不祥事に際して、外部の専門家を交えた調査委員会が設置されるケースは相当数に上っている。会計不正に限った調査ではあるものの、デロイト・トーマツFASによれば、2007年4月から2010年3月にかけて会計不正の事実を公表したわが国の上場企業は120社あり、そのうち約半数の56社が、外部の専門家を交えた調査委員会を設置したと報告されている。

　このうち46社では、弁護士と会計士を中心とするチームで調査が行われているが、残りの10社では、弁護士中心の調査委員会が設けられていた。中でも、このうち5社においては、調査委員会のメンバーは全員弁護士で構成されていたとのことである。ここで特筆すべきことは、会計不正であるにもかかわらず、すべての調査委員会に必ず弁護士が参画しているという事実であろう。

「企業等不祥事における第三者委員会ガイドライン」の解説

　日本公認会計士協会が2010年4月にまとめた「上場会社の不正調査に関する公表事例の分析」(経営研究調査会研究報告第40号)でも、調査対象とした30の事例において「最も多いのは弁護士と公認会計士の構成で」、「弁護士を委員長とし、委員に弁護士と公認会計士を配する事例、委員長を置かず委員として弁護士と公認会計士を配する事例」、あるいは、「弁護士、公認会計士以外に会計学者、法律や企業倫理を専門とする法学者を配している事例」など多種多様であると報告されているが (70頁)、いずれのケースでも弁護士は不可欠な構成メンバーとなっていることがわかる。

　本ガイドラインでは、「第三者委員会が設置される場合、弁護士がその主要なメンバーとなるのが通例である」との認識を前提としているが、以上の調査結果は、すでにこの認識が揺るがしがたい事実として存在していることをうかがわせる。

　その理由はいくつも考えられるが、適法・不適法の判断能力や事実関係の調査能力に長けていることや、秘密保持等に対する安心感、そして、調査の信憑性に対する社会的信頼の高さなどを挙げることができるだろう。

　しかしながら、こうした調査委員会の仕事が、実際の業務に携わる弁護士に少なからぬ戸惑いをもたらしていることも否定できないところである。調査委員会において弁護士が果たしている仕事の多くは、書類の精査、聞き取り調査、報告書の作成であって、業務自体が特段真新しいわけではない。民事・刑事の事件において、依頼者や被告人等から聞き取りをして準備書面等を作成した経験があれば、十分にこなすことのできる仕事のはずである。確かに、企業等に赴いて大量の書類等調査をするといった面に若干のユニークさが

あるが、例えばM&Aの際に行われる法務のデュー・ディリジェンスと比べても、特段の難しさがあるわけではない。では、第三者委員会の実務に従事する弁護士が一様に感じる戸惑いの原因は、一体どこにあるのだろうか。

　以下では、本ガイドラインの冒頭部分を中心に、そこに示された本ガイドラインの射程や基本的考え方を確認した上で、第三者委員会の業務の本質にかかる認識を示すことで、この疑問に答えることにしたい。

2．本ガイドラインの射程について

(1) 企業等不祥事

　上述した会計不正に加えて、最近では、インサイダー取引等に代表される企業内犯罪、食品偽装等の各種業法違反、ヤラセ報道等に代表される企業倫理違反など多種多様な不祥事において外部の専門家が活用されている。また、官製談合や年金記録問題など官公庁における不祥事や、いじめによる自殺の原因調査など、企業以外の分野でも外部者による調査委員会の重要性は高まりをみせている。

　そこで、本ガイドラインを策定するにあたり、最初に問題となったのは、不祥事の内容の違いや、その発生場所の違いが、調査の手法や調査従事者の行為規範等に本質的な違いをもたらすか否かという点であった。幸い、ガイドラインの策定に携わった委員は、多種多様な不祥事調査を経験していたことから、その経験知の集積から、いずれの場合も同一のガイドラインの下に包摂できることが確認さ

れた。そのため、本ガイドラインにおいては、企業や官公庁、地方自治体、独立行政法人あるいは大学、病院等の法人組織を「企業等」と呼び、そこで生起する、犯罪行為、法令違反、社会的非難を招くような不正・不適切な行為等を「不祥事」と呼んで、いずれの場合にも適用できる指針が示されることになった。

(2) 調査委員会の類型

次に問題となったのが、第三者委員会の定義とその位置づけであった。この点につき、本ガイドラインは、不祥事調査のための委員会を3つのタイプに大別している。

1つ目は、経営者等が、担当役員や従業員等に命じて企業等の内部者だけで調査委員会を設けるタイプである。

2つ目は、企業等が弁護士等の外部者に対し内部調査への参加を依頼することによって、調査の精度や信憑性を高めようとするもので、本ガイドラインではこれを「内部調査委員会」と呼んでいる。

そして、3つ目が、企業等から独立した委員のみをもって構成され、徹底した調査を実施した上で、専門家としての知見と経験に基づいて原因を分析し、必要に応じて具体的な再発防止策等を提言するタイプの委員会で、本ガイドラインでは、「第三者委員会」と呼ぶことにしている。

こうした3つの分類は、他の専門家との間でも共通認識になりつつあるが、本ガイドラインは、これらを峻別できるものと考えているわけではない。例えば、弁護士や公認会計士の資格を有する社外監査役を中心メンバーとする調査委員会の場合などには、内部調査委員会と第三者委員会の中間的な色彩を帯びることも見受けられる

わけで、これら3類型は、いわばグラデーションを帯びながら変化する色の帯として、連続的にとらえられている。

なお、上述した日本公認会計士協会の報告書では、「不正が発覚してからの社外役員は、社外とはいえ不正の状況によっては、自らに及ぶ可能性のある監督責任を回避するために、委員として十分な役割を果たせない可能性を有している」という問題意識から、「社外役員から構成される外部調査委員会は実質的には内部者によって組織されたと同質のものであり、外部の有識者らで構成される外部調査委員会とは異なる」と整理されている（69頁）。

以上の点と関連するが、本ガイドラインは、これら3つの調査委員会に優劣をつけているわけではない。言いかえれば、不祥事の種類や、損害や悪質性の軽重、ステークホルダーの状況、市場等への影響の度合い、企業機密との関係など様々なリスク要因を踏まえて、最も適切な委員会が設置されればよいのであって、常に第三者委員会を設置すべきだと考えているわけではない。第三者委員会の設置に要する費用等を考えれば、費用対効果の面も否定できない要因と言えるだろう。また、言うまでもなく第三者委員会の特徴はその独立性の高さにあるが、そのことは反面において、企業等の内部に浸透している暗黙知を共有しにくいといった限界を持っていることから、ケースによっては、内部調査委員会の形をとりながら、その独立性を確保する工夫を施すことが望ましい場合もある。そのことを踏まえて、本ガイドラインの第6の5では、「本ガイドラインの全部又は一部が、適宜、内部調査委員会に準用されることも期待される」と明記されている。言いかえれば、内部調査委員会や第三者委員会といった言葉の定義にとらわれるのではなく、委員会の独立性を高

める工夫の一つとして、本ガイドラインに秘められたノウハウが内部調査委員会でも活用されることが期待されているわけである。

　しかし、ここには、見逃すことのできない問題点が横たわっている。それは、企業等の側に生ずる「不祥事隠蔽の誘惑」である。本来ならば、第三者委員会を設置すべき場合であるにもかかわらず、企業等の側がそれを躊躇するケースは少なくない。最後まで内部調査でお茶を濁そうと試みた挙句、社会的批判の高まりに耐えかねて第三者委員会を設置するケースが多いことが、それを裏付けている。そこで、本ガイドラインでは、「株主、投資家、消費者、取引先、従業員、債権者、地域住民などといったすべてのステークホルダーや、これらを代弁するメディア等に対する説明責任を果たすこと」が必要なケースでは、第三者委員会の設置が不可避になっているとの認識を示すことにした。なぜなら、この種のケースでは、企業等がどんなに不祥事隠蔽の誘惑に駆られようとも、遅かれ早かれ「第三者委員会」を設置せざるを得なくなるだろうというのが、本ガイドラインを策定した委員の共通認識だったからである。

　ここは、企業等と顧問契約を結んでいる弁護士にも銘記しておいていただきたい点である。なぜなら、顧問弁護士は、不祥事等の発生に際し、比較的早い段階でアドバイスを求められる立場にあるが、その際、一般的な傾向として、自らを中心に据えた内部調査委員会を設けようとする傾向が見受けられるからである。すでに述べたように、内部調査委員会の有用性は否定されず、また、場合によっては第三者委員会より相応しい事例も考えられるが、第三者委員会の設置が相応しい場合に、いくら内部調査でお茶を濁そうとしても、結局は第三者委員会を重ねて設置しなければならなくなるケースが

ある以上、顧問弁護士自身による早い段階での見極めが何より重要と言えるだろう。

3．第三者委員会の本質

(1) 戸惑いの原因

アメリカの証券法の世界では、かねてより証券市場におけるコンプライアンスを実現するために、弁護士を活用する実務が定着している。具体的には、証券取引委員会（SEC）による差止の附随的救済の1つとして、不祥事等を起こした企業に、弁護士が特別顧問（special counsel）として送り込まれるといった実務がそれである。この特別顧問には、SECの差止命令を企業に常駐してチェックすることが期待されるが、その前提として、不祥事の徹底的な調査が命じられることもある。

しかし、この特別顧問の実務には、弁護士の側から戸惑いの声が上がっているのも事実である。その主たる原因は、通常の弁護士業務とは異なり、いったい誰が依頼者なのかといった点が不明確である点にあると言われている。形式上は、企業等から受任することになるが、実質的には、政府の側の調査人であると同時に、公益の担い手とも言えるからである。そのため、これまでも多数の訴訟が提起されてきた(SEC v.Canadian Javelin,Ltd.(Ⅱ),451 F.Supp.594(D.D.C.1978); Osterneck v.E.T.Barwick Industries, Inc., 82F.R.D.81 (N.D.Ga.1979)など参照）。例えば、企業等と特別顧問との法律関係が争われたり、政府や裁判所からの報告書の提出命令等に対して弁護士特権を主張で

きるのか否かが争われるなど、難しい問題が山積している。

(2) 実質的依頼者としてのステークホルダー

　おそらく、こうした本質的な問題は、わが国において第三者委員会の実務に従事する弁護士が戸惑いを抱く理由でもあるだろう。伝統的な弁護士業務に即して考えれば、依頼者が企業等であることは明らかであるものの、他方において、社会全体からの要請や監督官庁からの期待を抜きに、調査を遂行できないことは明らかだからである。

　この点は、本ガイドラインを策定する際の最大の論点であり、多くの議論を重ねた部分でもある。実質的依頼者の考え方を導入することは、弁護士の守秘義務等を不明確にするほか、弁護士倫理との関係でも難しい問題を引き起こすことは容易に想像できる。具体的には、依頼者である企業等から調査結果の公表を差し控えて欲しいと言われた場合、第三者委員会はどのように対応すべきなのか、企業等の側と意見が合わないことを理由に調査途中で委員を辞任する場合に辞任の理由を口外しても構わないのか、監督官庁が行政処分の判断材料として第三者委員会の調査状況を知りたいと要請してきた場合、第三者委員会はどのように対応すべきなのか、大株主が調査の途中段階で中間報告を求めてきた場合、第三者委員会はどのように対応すべきなのかなど、第三者委員会の本質論をめぐる論点は数限りなく存在している。これらを念頭に置きながら慎重に議論を進めた結果、本ガイドラインは、最終的に、ステークホルダーという視点を導入することで決着を見た。すなわち、第三者委員会は、「経営者等自身のためではなく、すべてのステークホルダーのため

に調査を実施し、それを対外公表することで、最終的には企業等の信頼と持続可能性を回復することを目的とする」ものであり、「真の依頼者が名目上の依頼者の背後にあるステークホルダーであること」が明記されたわけである。このことは、本ガイドラインを理解する上で、最も大切な視点であり、第三者委員会における実務において迷いが生じた場合には、常に立ち返るべき原点と言えるだろう。

企業等ごとに、ステークホルダーは多種多様であるが、その企業等が健全かつ持続的に存続することに利害関係を有する者一般を指す。その意味では、「公益」と言い換えることもできるだろう。既に述べたように、社会的「公器」として役割が高い企業等であればあるほど、第三者委員会を設置する必要性は高いわけであり、だからこそ、第三者委員会自体も、常に「公益」を意識しながら活動することが必要となるものと考えられる。

4．監督官庁等との連携

すでに述べたように、企業等の不祥事調査に際して、弁護士は、常に企業側が抱く「不祥事等の隠蔽」に対する誘惑と戦っていかなければならない。間違っても、名ばかりの第三者委員会の設置に加担し、不祥事隠蔽の片棒を担ぐようなことはあってはらないことである。

そのためには、本来的な「公益」の担い手である監督官庁や自主規制団体等との連携が不可欠であると言わなければならない。すでに述べたように、アメリカ証券法の世界では、証券監視委員会（SEC）が弁護士を送り込んで調査をさせるといった制度が確立している。

「企業等不祥事における第三者委員会ガイドライン」の解説

　これは、証券取引委員会（SEC）による法執行の制度として重要な役割を担っているところの「差止命令に伴う附随的救済」のひとつであり、サーベンス・オクスリー法305条（b）にいう「投資家の利益のために適切または必要なすべての衡平法上の救済」のひとつとして位置付けられている。

　わが国の場合でも、監督官庁等の行政処分において様々な調査の実施が求められているところであり、今後こうした傾向はますます強まるものと予想される。したがって、弁護士の側としても、そうした期待に応えることができるだけの実務を定着させることが急務であると言わなければならない。将来的には、行政処分の内容として、日弁連のガイドラインに即した第三者委員会の設置が命じられる日も、そう遠くない時期に到来するだろう。それまでの間に、さらなる弁護士の側の戸惑いが解消され、さらなるベスト・プラクティスの構築と、実務としての定着が図られていくことが期待される。

第 4 章

本ガイドラインの逐条解説

第1．第三者委員会の活動についての解説

1．事実調査と事実認定、評価、原因分析

(1) 調査対象とする事実（調査スコープ）

> 関連するガイドラインの条項
> 基本原則
> 第1．第三者委員会の活動
> 　1．不祥事に関連する事実の調査、認定、評価

「企業等不祥事における第三者委員会ガイドライン」の解説

　　第三者委員会は、企業等において、不祥事が発生した場合において、調査を実施し、事実認定を行い、これを評価して原因を分析する。
(1)　調査対象とする事実（調査スコープ）
　　第三者委員会の調査対象は、第一次的には不祥事を構成する事実関係であるが、それに止まらず、不祥事の経緯、動機、背景及び類似案件の存否、さらに当該不祥事を生じさせた内部統制、コンプライアンス、ガバナンス上の問題点、企業風土等にも及ぶ。

指　　針
第1．第三者委員会の活動についての指針
1．不祥事に関連する事実の調査、認定、評価についての指針
(1)　調査スコープ等に関する指針
①　第三者委員会は、企業等と協議の上、調査対象とする事実の範囲（調査スコープ）を決定する。調査スコープは、第三者委員会設置の目的を達成するために必要十分なものでなければならない。
②　第三者委員会は、企業等と協議の上、調査手法を決定する。調査手法は、第三者委員会設置の目的を達成するために必要十分なものでなければならない。

(イ)　**事実調査委員会**

　第三者委員会は、企業等において、不祥事が発生した場合において、調査を実施し、事実認定を行い、これを評価して原因を分析する（基本原則第1．1．）。

企業等が不祥事についてステークホルダーに対する説明責任を果たし、再生していくためには、徹底した事実関係の調査が大前提となる。調査による事実認定とその評価によって不祥事の原因が究明されることで初めて再発防止に向けた具体的対応が可能になるからである。

　このため、本ガイドラインでは第三者委員会を「事実調査委員会」すなわち、「調査を実施し、事実認定を行い、これを評価して原因を分析する委員会」と定義する。

　事実調査を行わず、もっぱら経営に対して外部有識者の立場で意見を具申する委員会も第三者委員会と称されることがあるが、本ガイドラインでは、このようないわゆる「経営諮問委員会」は第三者委員会の定義に含まないこととする。

　不祥事に関連して関係者の法的責任を判定・追及する委員会が設置されることがある。このような委員会の委員には企業等から独立した第三者が任命され、委員会は関係者の行為が犯罪構成要件に該当するか否か、善管注意義務違反に該当するか否かなどを専門的立場から判定し、刑事告訴や民事訴訟提起などを勧告し、あるいは自らこれを行うことになる。しかし、本ガイドラインでは、このようないわゆる「法的責任判定・追及委員会」を、事実調査を主たる任務とする第三者委員会とは区別することとした。

　第三者委員会の目的はステークホルダーに対する説明責任を果たすために不祥事の実態を明らかにすることにあるが、不祥事の実態は法的観点には収まりきれない場合が多い。そして、第三者委員会の目的に法的責任判定・追及も加えると、調査の重点が刑事裁判における犯罪構成要件事実や民事裁判における要件事実の存否に置か

れることにならざるを得ないが、法律要件にしたがって立証可能な事実を切り取るだけでは、かえって不祥事の全体像、実態が見えにくくなることも多い。したがって、本ガイドラインでは、第三者委員会の目的に法的責任の判定・追及を加えないこととした。

　もちろん、企業不祥事において、第三者委員会と並んで法的責任判定・追及委員会の必要性が認められる場合も多い。このような場合には、目的に応じて両者を別組織とするのが適切であろう[1]。なお、第三者委員会の委員が別に設置される法的責任判定・追及委員会の委員に就任することについては、これを妨げる特段の理由はないと考えられる。

㈹　不祥事を構成する事実関係にとどまらない調査対象

　第三者委員会の調査対象は、第一次的には不祥事を構成する事実関係であるが、それに止まらず、不祥事の経緯、動機、背景及び類似案件の存否、さらに当該不祥事を生じさせた内部統制、コンプライアンス、ガバナンス上の問題点、企業風土等にも及ぶ（基本原則第1. 1. (1)）。

　第三者委員会が調査対象とする事実関係（調査スコープ）は、問題とされている違法・不正な行為そのもの（刑事事件でいうところの「罪となるべき事実」）には限定されず、行為に至る経緯、動機、背景、類似行為の存否等にまで及ぶ。

　以下、日本放送協会（NHK）で発生した記者らによるインサイダー取引事件（以下、「NHKインサイダー取引事件」という）の際に

---

[1] 第三者委員会と法的責任判定・追及委員会を別組織として設置した事例としては、日興コーディアルグループの不正会計事件、フタバ産業の不正出金事件などがある。

設置された第三者委員会[2]の調査報告書（以下、「NHK報告書」という）を例にして考える。

本件は、3名のNHK職員（東京の記者、水戸のディレクター、岐阜の記者）が、記者などが放送前のニュース原稿を閲覧できる「報道情報システム」のアクセス権を用いて入手したインサイダー情報（「すき家」を経営する株式会社ゼンショーと「かっぱ寿司」を経営するカッパ・クリエイト株式会社が資本提携を伴う業務提携を行うという放送前の特ダネ原稿の情報）を利用して、同時多発的にインサイダー取引を行い、これが証券取引等監視委員会（SESC）に摘発された事件である。この不祥事により、NHKは会長をはじめとして多数の理事が辞任に追い込まれ、受信料支払い拒否が急増し、国会でも激しい非難を浴びるなど、重大な危機に直面したが、このような状況で第三者委員会が設置された。

この事件でSESCが認定し、課徴金納付命令の勧告において公表した事実関係は次のようなものである。

> **SESCが認定した「法令違反の事実関係」**
>
> 課徴金納付命令対象者①は、日本放送協会の職員であったが、株式会社ゼンショーの社員から同協会の記者が職務上伝達を受けたカッパ・クリエイト株式会社と株式会社ゼンショーが資本提携を伴う業務上の提携を行うことをそれぞれ決定した事実を、その職務に関し知り、平成19年3月8日、この事実が公表される午後3時15分

---

[2] 正式名称は「職員の株取引に関する第三者委員会」。委員は、久保利英明弁護士（委員長）、國廣正弁護士、塚原政秀元共同通信常務理事の3名で、平成20年5月27日に調査報告書が公表された。http://www3.nhk.or.jp/pr/keiei/otherpress/pdf/20080527-002.pdf

> より以前に、カッパ・クリエイト株式会社の株券合計3,150株を総額539万7,900円で、株式会社ゼンショーの株券合計2,500株を総額327万6,000円でそれぞれ買い付けたものである。
> 　課徴金納付命令対象者②は、……
> 　課徴金納付命令対象者③は、……
> 　上記3名が行った上記の行為は、金融商品取引法第175条第1項に規定する「第166条第1項又は第3項の規定に違反して、自己の計算において同条第1項に規定する売買等をした」行為に該当すると認められる。

　第三者委員会に求められるのは、ＳＥＳＣの公表事実を読むだけでは見えてこない本件インサイダー取引の実態を明らかにすることである。

　第三者委員会は、インサイダー情報となる資本提携を伴う業務上の提携という決定事実（重要事実）を「その職務に関して知る」とは、具体的にどういうことだったのかを徹底して調査した。

　その結果、行為者（3名）が同日午後2時過ぎにそれぞれ報道情報システムにアクセスした段階で、本件特ダネ原稿の本文は一定のパスワードを知る者しか読めない状態であったが、「ゼンショー　かっぱ寿司グループ化」というタイトルはパスワードなしに見ることができ、行為者（3名）はそれを見て株を注文したという事実が明らかになった。これにより、本件インサイダー取引の具体的手口の詳細だけでなく、多数のＮＨＫ記者がインサイダー情報を見ることができたという「報道情報システム」の運用における重要情報のずさんな管理実態も明らかになったのである。

さらに、第三者委員会は、本件インサイダー取引に至る経緯として、行為者が株取引を開始した状況、株取引の回数や時間（行為者の株取引の頻度、それは勤務時間中であったのか）、株取引の傾向（短期売買を繰り返していたのかどうか）、「報道情報システム」の利用状況（過去にも職務に関係ない利用がなされていたのではないか、株価情報を得るための利用があったのではないか）、株取引に対する行為者の認識（報道情報は全国のＮＨＫ記者が取材源の秘匿などの職業的信用性をもとに収集してきたものであるが、そのような情報を個人の株取引に利用することに記者としての倫理的葛藤はなかったのか）などを調査した。

　また、法令違反行為だけではなく、「他に類似の株取引がなかったか否か」も重要な調査対象事項とした。なぜなら、インサイダー取引は１回限り単発的に行われることもあるが、むしろ行為者は企業内に存在する株価に影響を及ぼしうる非公開情報を用いた多数の株取引を行い、その一部がインサイダー取引として摘発されることになるというのが多くの事案の実態だからである。そして、第三者委員会は、行為者（３名）につき、ＳＥＳＣが認定した上記「法令違反の事実関係」に記載された株取引以外にも、複数の「報道情報システム上の情報を利用したことが疑われる株取引」が存在することを認定している。

　このように、ＮＨＫには、不祥事に至る経緯、行為者の動機、「報道情報システム上の情報を利用したと疑われる株取引」の存在等、関連する事実まで含めた不祥事の全体像、実態を明らかにすることが社会（ステークホルダー）から求められていたのであり、第三者委員会が本件不祥事の実態に迫った調査を行うことによって、はじ

めてステークホルダーに対する説明責任を果たすことができたのである。

(ハ) 企業の組織としての問題点にまで遡った調査の必要性

　第三者委員会の事実調査の対象は、企業等の組織的要因にまで及ぶものでなければならない。

　不祥事は偶発的に発生するものではない。不祥事は、企業等の経営陣の姿勢、組織的要因、さらにはその背景となる企業風土（内部統制論では「統制環境」と呼ばれる）を原因として発生する。したがって、現象面だけにとらわれて、それをもたらした組織的要因にまで遡った調査を行わなければ、不祥事の真の原因は究明できず、有効に機能する再発防止策も打ち出せない。この意味で、第三者委員会の調査対象は、経営陣の直接、間接の関与、あるいは事件をもたらした組織的要因（内部統制あるいはコーポレートガバナンスの機能不全）、企業風土にまで遡ったものでなければならない。

　後述の調査スコープと調査手法の決定とも関係するが、不祥事に対する組織的要因を調査するためには、当該不祥事に直接関係する事項の調査（関係者のヒアリング、書証の分析等）だけでは不十分である。第三者委員会は、経営トップによる企業理念やコンプライアンスについての発信資料の調査、取締役会、監査役会の議事録等の調査、社内規定類の調査、コンプライアンス施策の状況の調査（教育、研修に用いられている資料の内容や実施状況、その浸透度等の調査）、内部監査の状況等の調査（監査対象、監査内容、実施状況等の調査）、経営陣の意識を知るための経営者ヒアリング調査、従業員を対象にしたアンケート調査等、多角的な調査を行うことにより、初めて組

織的要因に迫ることが可能になる。したがって、第三者委員会はこれらの調査を積極的に実施すべきである。

㈡ 調査スコープの決定

　第三者委員会は、企業等と協議の上、調査対象とする事実の範囲（調査スコープ）を決定する。調査スコープは、第三者委員会設置の目的を達成するために必要十分なものでなければならない（指針第１．１．(1)①）。

　調査スコープとは、調査のテーマ、射程を意味する。調査スコープは、調査を開始するにあたって、企業等と協議の上、第三者委員会自身が定めることになる。

　調査スコープを決定するに当たっては、調査期間やコストなどの面も考慮に入れざるを得ない場合もあるが、第三者委員会は、不祥事の経緯、動機、背景等を含む不祥事の実態、さらに不祥事をもたらした企業の組織的な問題点を明らかにするというその設置目的を達成するために必要十分な調査スコープを決定するという原則を貫き、企業等に対して理解を得るよう努めるべきである。

　調査スコープについて企業等の理解が得られず、第三者委員会設置の趣旨を全うできないと思われる場合には、委員は受任を辞退するか、すでに受任している場合には辞任を検討すべきである。

　なお、実務上は、調査が進むにつれて当初想定していなかった問題点が明らかになり、当初の調査スコープを拡大、変更する必要が生じることもある。この場合、第三者委員会は、その目的を達成するため、調査スコープの拡大、変更を行う必要がある。なお、この場合には、調査報告書でその経緯を説明することになる。

(ホ) 調査手法の決定

　第三者委員会は、企業等と協議の上、調査手法を決定する。調査手法は、第三者委員会設置の目的を達成するために必要十分なものでなければならない（指針第1．1．(1)②）。

　第三者委員会が行う調査手法としては、関係者のヒアリング、書証など各種資料の検証、デジタル調査、（統制環境を明らかにするための）従業員に対するアンケート調査、内部通報窓口の設置等、種々のものがある。どのような調査手法を用いるかは、第三者委員会が定めた調査スコープの調査を行うために必要十分かという観点から決定すべきである。

　調査手法を決定するに当たっての企業等との関係については、上記で調査スコープについて述べたところと同じである。

(2) 事 実 認 定

関連するガイドラインの条項

基本原則

第1．第三者委員会の活動

1．不祥事に関連する事実の調査、認定、評価

(2) 事実認定

　調査に基づく事実認定の権限は第三者委員会のみに属する。

　第三者委員会は、証拠に基づいた客観的な事実認定を行う。

指　　針

> 第1．第三者委員会の活動についての指針
> 1．不祥事に関連する事実の調査、認定、評価についての指針
> (2) 事実認定に関する指針
> ① 第三者委員会は、各種証拠を十分に吟味して、自由心証により事実認定を行う。
> ② 第三者委員会は、不祥事の実態を明らかにするために、法律上の証明による厳格な事実認定に止まらず、疑いの程度を明示した灰色認定や疫学的認定を行うことができる。

(イ) 事実認定の権限

調査に基づく事実認定の権限は第三者委員会のみに属する（基本原則第1．1．(2)）。

これは、事実認定の側面から第三者委員会の独立性を明らかにしたものといえる。

不祥事が発生した場合、企業側は、「本件は現場の1社員がやったことで、会社は関係していない」等のストーリーを考えており、第三者委員会にはこれをなぞった報告書を期待するような場合もある。しかし、第三者委員会はそのような思惑に左右されず、独立した立場で、不祥事の実態を企業の組織的要因にまで遡って調査して事実認定を行わなければならない。

なお、事実認定の権限が第三者委員会のみに属することを確保するための制度的保障としての第三者委員会への起案権の専属（指針第2．1．）等については後述する。

(ロ) 証拠に基づいた客観的な事実認定

　第三者委員会は、証拠に基づいた客観的な事実認定に徹すべきである（基本原則第1.1.(2)）。

　第三者委員会は、予断を排し、思い込みによる無理な事実認定を行わないよう注意しなければならない（「第2.3.客観的な調査」66ページ参照）。

　なお、客観的事実認定とは、法律上の証明による事実認定に限定されるものではない点については後述する（「(ニ)　灰色認定、(ホ)　疫学的認定」後述参照）。

(ハ) 自由心証による事実認定

　第三者委員会は、各種証拠を十分に吟味して、自由心証により事実認定を行う（指針第1.1.(2)①）。

　これは、第三者委員会は調査により入手した各種の証拠を評価して事実認定を行うが、証拠の信用性の軽重や証拠に基づく推認などは、第三者委員会の専権（自由心証）に委ねられるという趣旨である。

　第三者委員会が行う事実認定に用いる証拠については、刑事訴訟法における伝聞法則による証拠能力の制限などは存在しないが、証拠の信用性については慎重に検討を加えた上で事実認定を行うべきことは当然である。

(ニ) 灰色認定

　第三者委員会は司法権や行政権を行使する国家権力ではなく、不祥事の実態をステークホルダーに説明するために調査を行う任意の機関であるから、疑いは疑いとして「ありのまま」の事実認定を行

うことができる。

このため、第三者委員会は、不祥事の実態を明らかにするために、法律上の証明による厳格な事実認定に止まらず、疑いの程度を明示した灰色認定……を行うことができる（指針第１．１．(2)②）。

この灰色認定について、下記の設例で、第三者委員会がＹ銀行の依頼を受けて、銀行員ＸによるインサイダⅠ取引について調査する場合を例に考える。

（設例）
　上場企業であるＡ社に対してＴＯＢを行うことを計画しているファンドが、Ｙ銀行に融資を申請した。Ｙ銀行では、３月10日、審査部による審査案件とされた。
　その直後の３月11日、審査部の行員ＸはＡ社の株を購入した。
　３月30日、Ａ社に対するＴＯＢが公表されＡ社株は高騰し、その直後、ＸはＡ社株を売り抜けて利益をあげた。
　行員Ｘは当該ＴＯＢ案件の審査担当ではないが、審査部内の本件ＴＯＢに関する情報を知りうる立場にある。
　第三者委員会のヒアリングに対して、Ｘ行員は「Ａ社株を買ったのは偶然の一致」として審査部内の情報を利用したことを否認している。

【事実についての灰色認定】
　上記の設例において、Ｘが審査部に存在したＴＯＢ情報を利用してＡ社株の取引を行ったと認定できるかどうかは第三者委員会の自由心証による。

第三者委員会は、当該情報の審査部内での管理実態、関係者の供述、Xの行動記録、Xの供述の不合理性等々の状況証拠を総合的に検討して「Xは審査部内に存在したA社のTOB情報を利用して株取引を行ったものと認められる」と認定することができる。この場合は、刑事裁判における「合理的な疑いを差し挟む余地のない」程度の心証や民事裁判における「高度の蓋然性」が認められる程度の心証とほぼ同じと考えてよい。

　そこまでの確証が得られない場合であっても、第三者委員会は「Xが審査部内に存在したA社のTOB情報を利用して株取引を行った可能性が極めて高い」～「Xが審査部内に存在したA社のTOB情報を利用して株取引を行った相当程度の疑いがある」～「Xが審査部内に存在したA社のTOB情報を利用して株取引を行った疑いを払拭できない」というように、疑いの程度を明示した灰色認定を行うことができる。

　刑事裁判においては、確証が得られない限り「疑わしきは被告人の利益に」の原則にしたがって「Xが審査部内に存在したA社のTOB情報を利用して株取引を行ったと認定することはできない」という認定をするほかないが、上述のとおり、第三者委員会は不祥事の実態をステークホルダーに説明するために調査を行う機関であるから、疑いは疑いとして「ありのまま」の事実認定を行うことができる。なお、このような認定は、民事裁判における「割合的認定」の考え方に類似すると言ってもよい。

　「疑いの程度を明示した灰色認定」を行う場合にはその影響にも十分に配慮すべきであり、単なる印象や思い込みでの認定が許されず、証拠に基づく客観的な事実認定が求められることはいうまでも

ない。

【法律要件についての灰色認定】

上記の設例で、審査部にもたらされていたＴＯＢ情報がどの時点で金融商品取引法上の「重要事実（決定事実）」になっていたかは、Ａ社や公開買付者（ファンド）がもつ情報に当たらなければ確定することができないが、第三者委員会はこれらの者に対して調査を行う権限はない。

また、Ｘは当該ＴＯＢ案件の担当者ではないため、審査部内で同僚の話を「小耳に挟んで」知ったとすれば、金融商品取引法上の「第一次情報受領者」に該当しないこととなる可能性がある。

しかし、第三者委員会は、Ｘの行為が金融商品取引法上のインサイダー取引に該当するかどうかという法的判断を最終的に行う機関ではない。したがって、この場合、第三者委員会は「重要事実（決定事実）」や「第一次情報受領者」の法律要件事実の存否だけにとらわれるべきではなく、「第三者委員会は、本件ＴＯＢ情報がどの時点で金融商品取引法上の重要事実（決定事実）になっていたかを確定できないが、Ｘの行為はインサイダー取引に該当する可能性が高い」「Ｘは審査部内で同僚の話を聞くか当該案件の資料を見るなどして当該ＴＯＢ情報を入手した可能性が高い」等の認定を行うことができる。

㈭　事実認定の手法としての疫学的認定

第三者委員会は、不祥事の実態を明らかにするために、法律上の証明による厳格な事実認定に止まらず、……疫学的認定を行うこと

「企業等不祥事における第三者委員会ガイドライン」の解説

ができる(指針第1.1.(2)②)。

　民事訴訟法の分野では「疫学的証明」の考え方があるが[3]、第三者委員会の調査においても「疫学的認定」の考え方を用いることができる。疫学的認定は、集団的な事象を社会的な視点から評価、考察するために有益である。

　平成20年、社会保険庁による厚生年金記録の不適正処理(改ざん)が明らかになり大きな社会問題となり、厚生労働大臣直属の第三者委員会[4]が設置された。この際、第三者委員会が調査対象とした約6.9万件の「疑わしい案件」は、疫学的認定の手法により抽出された。すなわち、ここでは、①標準報酬月額の引き下げ処理と同日もしくは翌日に資格喪失処理が行われている(15.6万件)、②標準報酬月額が5等級以上遡及して引き下げられている(75万件)、③6ヶ月以上遡及して記録が訂正されている(53.3万件)、という不自然な取り扱いをまず抽出し、この3条件全てに該当する案件6.9万件を記録が改ざんされた疑いのある案件(疑わしい案件)と定義し、第三者委員会はこの6.9万件を対象にしてヒアリングやアンケート等の各種調査を行い、分析を試みている。

　この点につき同報告書は、「本報告書は、本調査委員会が膨大な数の疑わしい事実の全てについて裁判における証明の域に達するレベルの調査活動を行って、その個別立証の総体から本事案の全体像を帰納的に示したものではない。本報告書は、統計的・疫学的手法

---

3) 伊藤眞「証明度をめぐる諸問題」判例タイムズ1098号4ページ参照。
4) 正式名称は「標準報酬遡及訂正事案等に関する調査委員会」。委員は、野村修也弁護士(委員長)、國廣正弁護士、久保利英明弁護士、郷原信郎弁護士の4名で、平成20年11月28日に調査報告書が公表された。http://www-bm.mhlw.go.jp/topics/2008/12/tp1201-4.html

をベースにしながら、これに各種資料やヒアリング、アンケート等による深掘り調査の分析を加え、委員が経験則に基づいて本事案の実態及び原因についての考察を示したものである」(同報告書2ページ) と述べている。

(ヘ) 調査報告書の開示と名誉棄損

　調査報告書を開示 (不特定または多数の者に対する公表) する際、調査報告書に不祥事の行為者等の実名を記載した場合、あるいは匿名であっても行為者等が特定できる態様で記載した場合には、行為者等との関係で名誉毀損の問題が生じることがある。

　たとえば、行為者が一定の行為を実行したという事実認定は、行為者の社会的評価を低下させるものであり、調査報告書にこれらの事実認定を記載して不特定または多数のステークホルダーに開示することは、一般的には、名誉毀損行為に当たると認められ、行為者から、事後的に損害賠償や謝罪広告を求められたり、調査報告書の開示の事前差し止め請求が求められる可能性がある。

　もっとも、このような請求が法的に認められるためには、少なくとも、開示につき不法行為が成立するに足る違法性が認められなければならない。

　そして、
① 当該開示が公共の利害に関する事実に係り、
② 調査報告書の開示が専ら公益を図る目的に出た場合で、
③ 摘示された事実が真実であることが証明された場合 (「真実と信ずるについての相当の理由がある場合」も同様)、

には、当該開示は違法性を欠くと解される[5]。

①については、第三者委員会が調査対象とする不祥事は、企業等が多くのステークホルダー（利害関係者）に影響を与え、ステークホルダーからその事実関係や原因についての説明を求められている事象であることに鑑みると、不祥事はまさに「公共の利害に関する事実」というべきである。

②については、第三者委員会が、調査の結果判明した不祥事に関する事実関係をステークホルダーに開示して説明責任を果たすことによる企業等の信頼回復を目的として設置されたことに照らせば、企業等が第三者委員会の調査結果を開示するのは、「専ら公益を図る目的に出た場合」に該当するものと考えられる。

つまり、①②の関係では、不祥事を起こして多くのステークホルダーに影響を与えている企業等は単なる私的な存在に止まらない公的な存在と考えられるのである。

③については、第三者委員会が、対象者のヒアリングや書証の検証等、徹底的な調査を実施し、その結果を委員の合議により精査することが真実性の証明につながることになるうえに、仮に証明できなかった場合においても「真実と信ずるについての相当の理由がある場合」に該当することになろう。

なお、事実摘示ではなく、意見ないし論評の表明については、表現の自由の保護の観点から、前提としている事実が主要な部分について真実であることの証明があったとき（「真実と信ずるにつき相当の理由がある場合」も同様）は、人身攻撃に及ぶなど論評としての

---

[5] 最高裁判所昭和41年6月23日第一小法廷判決・民集20巻5号1118頁参照。

域を逸脱したものでない限り、名誉毀損の不法行為の違法性を欠くとされている[6]。そのため、調査報告書中の第三者委員会としての意見ないし論評に亘る箇所は、事実認定よりも緩やかな基準で違法性が阻却されると解される。

(3) 認定事実の評価、原因分析

関連するガイドラインの条項

基本原則

第1．第三者委員会の活動

1．不祥事に関連する事実の調査、認定、評価

(3) 事実の評価、原因分析

　第三者委員会は、認定された事実の評価を行い、不祥事の原因を分析する。

　事実の評価と原因分析は、法的責任の観点に限定されず、自主規制機関の規則やガイドライン、企業の社会的責任（CSR）、企業倫理等の観点から行われる。

指　針

第1．第三者委員会の活動についての指針

1．不祥事に関連する事実の調査、認定、評価についての指針

(3)評価、原因分析に関する指針

① 　第三者委員会は、法的評価のみにとらわれることなく、自主規制機関の規則やガイドライン等も参考にしつつ、ステークホル

---

[6] 最高裁判所平成元年12月21日第一小法廷判決・民集43巻12号2252頁参照。

ダーの視点に立った事実評価、原因分析を行う。
② 第三者委員会は、不祥事に関する事実の認定、評価と、企業等の内部統制、コンプライアンス、ガバナンス上の問題点、企業風土にかかわる状況の認定、評価を総合的に考慮して、不祥事の原因分析を行う。

(イ) 組織的要因の評価、原因分析

　不祥事を克服するためには、その原因の分析が不可欠であるから、第三者委員会は、認定された事実の評価を行い、不祥事の原因を分析する（基本原則第1.1.(3)）ことを任務とする。

　不祥事の原因は、当該行為を阻止する仕組みが不備であったというような直接的原因から、内部統制、コンプライアンス、コーポレートガバナンスの機能不全などの組織的要因、企業風土（統制環境）の問題、さらには企業理念の変質・喪失というように重層的に存在する。したがって、第三者委員会には、不祥事に関する事実の認定、評価と、企業等の内部統制、コンプライアンス、ガバナンス上の問題点、企業風土にかかわる状況の認定、評価を総合的に考慮して、不祥事の原因分析を行う（指針第1.1.(3)②）ことが求められる。

　「第三者委員会の委員となる弁護士は、当該事案に関連する法令の素養があり、内部統制、コンプライアンス、ガバナンス等、企業組織論に精通した者でなければならない。第三者委員会の委員には、事案の性質により、学識経験者、ジャーナリスト、公認会計士などの有識者が委員として加わることが望ましい場合も多い。この場合、委員である弁護士は、これらの有識者と協力して、多様な視点で調

査を行う」（指針第5．1．(2)）という規定は、第三者委員会が法的責任を前提とする要件事実論や立証責任論にとらわれることなく、幅広い見地から委員の見識（内部統制、コンプライアンス、コーポレートガバナンス等に関する法的素養はもちろんであるが、それに限定されない企業経営、企業の社会的責任、企業倫理等に関する高度の見識）により、不祥事に関する事実関係を評価し、原因分析を行う責務を負っていることを示すものである。

不祥事の組織的要因の問題を役員に対する法的責任追及（善管注意義務違反）という視点から考えると、①内部統制システムの欠陥、②損害の発生、③内部統制システムの欠陥と損害の相当因果関係、④取締役に当該内部統制システムの構築・整備義務が認められること等の法律要件の主張、立証に全力を集中すべきことになるが、不祥事は法律要件的に構成された事実関係だけから発生するものではない。したがって、第三者委員会は、法律要件にとらわれて調査スコープを狭めてしまうことなく、より広い観点から事実調査と評価、原因分析を行う必要がある。

㋺　企業の社会的責任（CSR）、企業倫理、自主規制機関の規則やガイドライン等

第三者委員会による事実の評価と原因分析は、法的評価のみにとらわれることなく、自主規制機関の規則やガイドライン等も参考にしつつ、ステークホルダーの視点に立った事実評価、原因分析を行う。企業の社会的責任（CSR）、企業倫理等の観点から行われることが必要である（基本原則第1．1．(3)、指針第1．1．(3)①）。

企業等の行動を規律するのは法令だけではない。企業等の社会的

責任論(CSR)や企業倫理も現に企業行動に対する規範として機能しているし、自主規制機関の規則やガイドライン等もより具体的な規範としての役目を果たしている。第三者委員会には、これらの規範に照らして不祥事の評価、分析を行うことが求められる。

したがって、第三者委員会は、CSRや企業倫理を不祥事に対する重要な評価規範として用いることになる。

また、不正会計、不公正ファイナンスなどの資本市場の信頼を害する不祥事の際には、資本市場の規律、健全な資本市場の維持という観点から、東京証券取引所自主規制機関や日本証券業協会の規則、ガイドライン等に沿った事実評価や分析が不可欠となる。

2．ステークホルダーに対する説明責任（調査報告書の開示）

関連するガイドラインの条項

基本原則
第１．第三者委員会の活動
　２．説明責任
　　第三者委員会は、不祥事を起こした企業等が、企業の社会的責任（CSR）の観点から、ステークホルダーに対する説明責任を果たす目的で設置する委員会である。

指　　針
第１．第三者委員会の活動についての指針
　２．説明責任についての指針（調査報告書の開示に関する指針）

> 　第三者委員会は、受任に際して、企業等と、調査結果（調査報告書）のステークホルダーへの開示に関連して、下記の事項につき定めるものとする。
> ①　企業等は、第三者委員会から提出された調査報告書を、原則として、遅滞なく、不祥事に関係するステークホルダーに対して開示すること。
> ②　企業等は、第三者委員会の設置にあたり、調査スコープ、開示先となるステークホルダーの範囲、調査結果を開示する時期を開示すること。
> ③　企業等が調査報告書の全部又は一部を開示しない場合には、企業等はその理由を開示すること。また、全部又は一部を非公表とする理由は、公的機関による捜査・調査に支障を与える可能性、関係者のプライバシー、営業秘密の保護等、具体的なものでなければならないこと。

(1)　ステークホルダーに対する説明責任（調査報告書の開示）についての原則

　一定規模以上の企業は、単なる個人商店とは異なり、株主、投資家、消費者、取引先、従業員、債権者、地域住民等、広汎かつ多数のステークホルダーに囲まれており、その行動はステークホルダーに影響を与える。この意味で、企業は、単なる私的な営利団体にはとどまらない公的な存在であり、社会的責任（CSR）を負っている。

　国の機関、地方公共団体、独立行政法人、財団法人、学校（公立・私立を問わない）等の組織は、いうまでもなく公益のために活動す

「企業等不祥事における第三者委員会ガイドライン」の解説

る存在であり、当然に社会的責任（SR）を負っている。

　不祥事は、企業や組織（企業等）がステークホルダーにマイナスの影響を与えている状態であるから、企業等は不祥事の原因を自ら調査し、原因を究明して、これを克服するプロセスをステークホルダーに説明する社会的責任がある。そして、第三者委員会は企業等がこの社会的責任を果たす目的で設置する委員会であるから、調査結果（調査報告書）はステークホルダーに対して開示・公表されることが原則となる。

　本ガイドラインが「第三者委員会は、すべてのステークホルダーのために調査を実施し、その結果をステークホルダーに公表することで、最終的には企業等の信頼と持続可能性を回復することを目的とする」（基本原則冒頭）、「第三者委員会は、不祥事を起こした企業等が、企業の社会的責任（CSR）の観点から、ステークホルダーに対する説明責任を果たす目的で設置する委員会である」（基本原則第1. 2.）と規定しているのはそのような趣旨である。

　なお、第三者委員会が調査報告書を提出する先は企業等であり、調査報告書を開示する主体は、原則として企業等である。

(2) 開示に関する具体的事項

(イ) 各種の開示方法

　企業等が第三者委員会の調査報告書を開示する方法には、下記のようなものがある（いくつかの方法を併用する場合も多い）。

　　・　ホームページ上での開示。
　　・　記者クラブ等で配布の上、記者会見。
　　・　関係するステークホルダーに個別開示。

・ 監督官庁等の公的機関への開示。
　開示方法や開示先となるステークホルダーの範囲は、ケース・バイ・ケースで、企業等と第三者委員会が協議して決定すべきである。

(ロ)　開示の時期について
　企業等は、ステークホルダーに対する説明責任を果たすため、第三者委員会から提出された調査報告書を、遅滞なく、不祥事に関係するステークホルダーに対して開示することが原則となる（指針第1.2.①）。
　企業等は、第三者委員会から調査報告書の提出を受けた場合には、原則として「遅滞なく」調査報告書のステークホルダーに対する開示を行われなければならない。説明責任という性質上、当然のことである。
　なお、調査報告書の開示が公的機関による捜査・調査に支障を与える可能性がある等、一定の場合には開示の時期を先に延ばすことも可能であるが、この場合、企業等は、直ちに開示しない理由を説明するとともに、どの時点で開示するか（たとえば、刑事事件の捜査が継続している場合には「起訴後速やかに」など）を明らかにする必要がある。

(ハ)　第三者委員会設置時点での調査スコープ等の開示
【調査スコープ】
　第三者委員会は、企業等に対して、第三者委員会を設置するアナウンスを行う時点で、調査スコープを開示するよう求めるべきである（指針第1.2.②）。

「企業等不祥事における第三者委員会ガイドライン」の解説

　この開示は、第三者委員会が何を調査しようとしているのかをステークホルダーに理解してもらう目的で行われる。

　なお、調査の過程では、新たな事実が判明するなどして、調査スコープを拡大、変更すべき場合もある。そのような場合、第三者委員会は調査の目的を全うするため、調査スコープの拡大、変更を躊躇すべきではない。

【開示先となるステークホルダーの範囲】
　第三者委員会は、企業等に対して、第三者委員会を設置するアナウンスを行う時点で、開示先となるステークホルダーの範囲を開示するよう求めるべきである（指針第1.2.②）。

　開示先となるステークホルダーの範囲はケース・バイ・ケースで定められるが、たとえば、上場企業による資本市場の信頼を害する不祥事（有価証券報告書の訂正、業務に関連するインサイダー取引等）については、資本市場全体がステークホルダーといえるので、記者発表、ホームページなどによるステークホルダー全体に対する開示が原則となろう。

　不特定または多数の消費者に関わる不祥事（商品の安全性や表示に関する事案）や公共性の高い組織（国の機関、地方公共団体、財団法人、大学等の各種公共団体、マスコミなど）が起こした不祥事についても、国民全体がステークホルダーと考えられるので、同様に記者発表、ホームページなどによるステークホルダー全体に対する開示が原則となろう。

　不祥事の性質によっては、開示先の範囲や開示方法は異なりうる。しかし、開示は説明責任を果たすためのものであることから

すると、これらはステークホルダー側の視点から判断されるべきであり、企業等の側の都合により定められるものではない。

【調査結果を開示する時期】
　第三者委員会は、企業等に対して、第三者委員会を設置するアナウンスを行う時点で、調査結果の開示時期を開示するよう求めるべきである（指針第1．2．②）。
　不祥事を起こして社会的批判を浴びている企業等の中には、批判をかわす時間稼ぎのために第三者委員会の設置をアナウンスするが、その後をうやむやにして逃げ切ろうとするものもある。このような事態を防止するため、第三者委員会は受任に際して企業等との間で、第三者委員会設置のアナウンスをするのであれば、それと同時に調査結果の開示時期についてもアナウンスすることにつき合意しておくことが必要である。
　第三者委員会の調査期間中は、不祥事を起こした企業等は、説明責任を果たす時間的猶予を得ることができる。しかし、これはあくまで猶予に過ぎないので、企業等は、第三者委員会が予め設定した調査期間をステークホルダーに開示し、説明責任を果たすべき期限を明示しておくことが必要となるのである。
　なお、調査の過程では、設定した調査期間内に調査を終了して調査結果を開示するのが困難になることもある。そのような場合、第三者委員会は設定した調査期間内に調査を終了することに固執し不十分なままで調査を終了すべきではなく、合理的な調査期間を再設定し、それを企業等を通じてステークホルダーに開示して理解を求めつつ、なすべき調査を遂げるべきである。

(3) 調査報告書の全部または一部を開示しない場合

　第三者委員会から企業等に提出される調査報告書の内容は、事実関係を詳細に記述するものである上、関係者等についてはその実名を記載するのが通常であることから、これをそのまま開示することが企業等自身や関係者に支障を与える場合がある。このような場合には、調査報告書の一部を非開示としたり、調査報告書（原文）とは別に開示版の調査報告書を作成する等の対応が認められる（指針第1.2.③）。

　たとえば、大規模な個人情報流出事件の調査報告書では、当該企業等の情報管理体制の状況について触れざるを得ないが、これをそのまま開示することは情報セキュリティの弱点を外部に開示することになり不適切である。また、ステークホルダーに対する説明責任を果たすという観点からは関係者の役職名がわかれば足り、個人名は必ずしも必要ではない場合もある。このような場合には、調査報告書の一部を非開示とし、あるいは匿名化[7]する等の対応が可能である。

　第三者委員会の独立性から、非開示部分の決定は第三者委員会が行うべきである。その際、企業等の意見を聴取することはできるが、その決定はあくまで第三者委員会が行う。

　なお、非開示をルーズに行うと、ステークホルダーに対する説明

---

[7] 不祥事の性質、重大性にもよるが、取締役等の役員が不祥事に関与している場合、従業員とは異なる責任ある地位にあること、会社登記簿やホームページ等ですでに氏名を開示していることは、非開示の正当化を困難とする事情になる場合も多いであろう。

責任を果たすという第三者委員会の目的が阻害されるおそれがあるので、調査報告書の全部または一部を非開示とする理由は、公的機関による捜査・調査に支障を与える可能性、関係者のプライバシー、営業秘密の保護等、具体的なものでなければならない。また、非開示の理由をステークホルダーに対して開示することも必要である。

3．提　　言

> 関連するガイドラインの条項
>
> 基本原則
> 第1．第三者委員会の活動
> 　3．提言
> 　　第三者委員会は、調査結果に基づいて、再発防止策等の提言を行う。
>
> 指　　針
> 第1．第三者委員会の活動についての指針
> 　3．提言についての指針
> 　　第三者委員会は、提言を行うに際しては、企業等が実行する具体的な施策の骨格となるべき「基本的な考え方」を示す。

(1) 調査結果に基づく提言

　第三者委員会は「調査結果に基づいて」再発防止策等の提言を行う（基本原則第1．3．）。これは、第三者委員会が再発防止策の提言

を行う場合、その提言は、徹底した事実調査により明らかにされた不祥事の実態、原因と組織的問題点に応じた個別・具体的なオーダーメイドのものでなければならないことを意味する。

　再発防止策の提言として「法令遵守意識の向上」「コンプライアンス・マニュアルの改訂」「研修・教育の充実」「コーポレートガバナンス機能の向上」「内部通報制度の充実」等の項目があげられるばかりの報告書をみかけることがある。しかし、第三者委員会の調査結果との関連性が薄い教科書レベルの再発防止策を並べてみたところで、実際の役に立たない。提言はあくまで当該不祥事の調査結果に基づき、不祥事の原因論との関係でなされなければならない。

(2)　原因論から導かれる「基本的な考え方」の提示

　不祥事は偶発的に発生するものではなく、企業等の経営陣の姿勢、組織的要因、さらにはその背景となる企業風土（内部統制論では「統制環境」とよばれる）を原因として発生する。したがって、現象面だけにとらわれて、それをもたらした組織的要因にまで遡った調査を行わなければ、不祥事の真の原因は究明できず、有効に機能する再発防止策も打ち出せず、第三者委員会の調査対象は、経営陣の直接、間接の関与、あるいは事件をもたらした組織的要因（内部統制あるいはコーポレートガバナンスの機能不全）、企業風土にまで遡ったものでなければならないことは上述した。

　この意味で、第三者委員会が提言を行う場合、不祥事そのものという現象面に対応する再発防止策の提言（たとえば、インサイダー取引が発生した場合に単にインサイダー取引を防止するためのマニュアル整備を提言する等）のみでは真の問題解決にならない場合も多く、

第三者委員会には、企業等が実行する具体的な施策の骨格となるべき「基本的な考え方」を示すこと（指針第1.3.）つまり、第三者委員会のCSR、企業倫理、コーポレートガバナンス、コンプライアンス、内部統制についての「見識」に基づいた不祥事の真因に迫る提言が求められる。「第三者委員会の委員となる弁護士は、当該事案に関連する法令の素養があり、内部統制、コンプライアンス、ガバナンス等、企業組織論に精通した者でなければならない。第三者委員会の委員には、事案の性質により、学識経験者、ジャーナリスト、公認会計士などの有識者が委員として加わることが望ましい場合も多い。この場合、委員である弁護士は、これらの有識者と協力して、多様な視点で調査を行う」（指針第5.1.(2)）と規定しているのは、第三者委員会には、幅広い見地から委員の見識（法令知識に限定されない企業経営、企業の社会的責任、企業倫理等に関する見識）による事実関係の評価と原因分析に基づいた提言が求められていることを示すものである。

　もちろん、個別具体的な施策の提言が否定されるものではなく、これを示すことができるのは当然であるが、第三者委員会には現象面のみにとらわれない不祥事の本質に迫る提言が求められる。

　上述のNHK報告書では、「当委員会は、職員の株取引問題に関する第三者委員会であり、直接的には本件インサイダー取引の調査とその再発防止策の提言を任務とする。しかし、本件インサイダー取引の背景にはNHKの組織としての問題があり、これを見据えた対策を実行しない限り、根本的な解決にはならないと考えられる。したがって、当委員会は、再発防止策の提言も単にインサイダー取引防止という対症療法的なものではなくNHKの組織再生という視

点から行うことが必要であると判断した」（同報告書117ページ）と述べて、原因論（組織論）から再発防止策の提言に至った筋道を明確にした上で、「プロフェッショナル意識の再生」「公共放送としての使命の認識」「真に実効性あるコンプライアンス施策の実施」「組織改革」「株取引についての再発防止策」「報道情報システム」「NHK再生に対する国民によるモニタリング」という7つの切り口から、11項目の具体的施策を提言している。

第2．第三者委員会の独立性、中立性（ステークホルダーのための委員会）

関連するガイドラインの条項

基本原則
第2．第三者委員会の独立性、中立性
　第三者委員会は、依頼の形式にかかわらず、企業等から独立した立場で、企業等のステークホルダーのために、中立・公正で客観的な調査を行う。

指　針
第2．第三者委員会の独立性、中立性についての指針
　1．起案権の専属
　　調査報告書の起案権は第三者委員会に専属する。

> 2．調査報告書の記載内容
> 　第三者委員会は、調査により判明した事実とその評価を、企業等の現在の経営陣に不利となる場合であっても、調査報告書に記載する。
> 3．調査報告書の事前非開示
> 　第三者委員会は、調査報告書提出前に、その全部又は一部を企業等に開示しない。
> 4．資料等の処分権
> 　第三者委員会が調査の過程で収集した資料等については、原則として、第三者委員会が処分権を専有する。
> 5．利害関係
> 　企業等と利害関係を有する者は、委員に就任することができない。

1．第三者委員会の独立性と実質的依頼者

　第三者委員会の調査対象が企業等の組織的要因（内部統制、コンプライアンス、コーポレートガバナンス等）の部分まで及ぶとすると、その結果として経営陣の責任が問題になる場合が出てくる。経営陣は不祥事に対処するために第三者委員会を設置するが、その調査結果は、依頼した経営陣自身の責任（法的責任の場合もあるが、主として経営責任の場合が多い）にもつながりかねない。

　このように、第三者委員会と依頼主である経営陣は潜在的な対立構造に立つ。

　第三者委員会に調査を依頼する契約主体は、形式上は経営陣（代

「企業等不祥事における第三者委員会ガイドライン」の解説

表取締役社長）であるが、第三者委員会の本質は、経営陣から独立してその意思に左右されずに調査を行うという行動原理（独立性、第三者性）にある。

第三者委員会は、調査結果に基づく説明責任を企業が果たすことにより社会の信任を回復し、危機的状況から立ち直るために設置される。この意味で、第三者委員会は、不祥事による企業価値低下の危機にさらされている株主や投資家、不祥事への対応を誤って企業の経営が困難になった場合に犠牲にされる可能性のある取引先や従業員、さらには債権者、地域住民、そして当該企業の製品を購入する消費者など、多数のステークホルダーのために調査を行っているということができる。この意味で、第三者委員会の実質的依頼者は、企業のすべてのステークホルダーであると考えることができる。

そこで、本ガイドラインは、第三者委員会は、「依頼の形式にかかわらず」「企業等から独立した立場で」「ステークホルダーのために」調査を行うと定めた（基本原則第2.）。

第三者委員会の独立性は、「経営陣からの独立性」を意味する。第三者委員会による調査を依頼するのは経営陣（代表者である社長）であり第三者委員会との契約主体（依頼者）は社長であるが、その依頼形式にかかわらず、第三者委員会は経営陣の意思から独立して、ステークホルダーのために調査を行うことになる。

「第三者委員会は、調査により判明した事実とその評価を、企業等の現在の経営陣に不利となる場合であっても、調査報告書に記載する」（指針第2.2.）という規定は、これを具体化したものである。

このような第三者委員会の権限については、弁護士の忠実義務との関係で、経営陣が第三者委員会の忠実義務を予め解除するという

構成をとる考え方もあるが、むしろ第三者委員会の業務は、「裁判を中心に据えた伝統的な弁護、代理業務とは異なり、各種ステークホルダーの期待に応えるという新しいタイプの仕事である」（前文）という基本原理から導かれる当然の権限・責務であると端的に整理すれば足りるであろう。

2．中立・公正な調査、すべてのステークホルダーのための調査

　第三者委員会は、経営陣から独立してステークホルダーのために調査を行うが、その調査は「中立・公正な調査」でなければならない。すなわち、第三者委員会は、特定のステークホルダーのために調査を行うのではなく、すべてのステークホルダーのために調査を行わなければならない。本ガイドラインは「第三者委員会は、すべてのステークホルダーのために調査を実施し」（基本原則冒頭）として、この原則を明記している。

　「すべてのステークホルダー」のための「中立・公正」な調査という原則（基本原則第2．）が第三者委員会の最終的な拠り所となる極限的状況は、第三者委員会による調査の結果、企業等の存続自体を脅かすほどの重大な事実が判明する場合である。

　たとえば、①第三者委員会がメーカーによるリコール隠しを調査した結果、それらが経営陣主導で長期間継続しており、多数の被害者が発生していたことが明らかになり、その事実を公表することは当該企業の社会的信用を致命的に失墜させ、経営の継続が著しく困難になると予測される場合や、②第三者委員会が上場企業の不正会

計について調査した結果、重大な粉飾決算が経営陣主導で長期間継続していたことが明らかになり、その事実を公表することが当該企業の上場廃止につながると予測される場合などが想定される。

これらの場合は、第三者委員会の調査結果が明らかにされることは、経営陣のみならず株主、従業員にとっても大きな不利益を及ぼすことになりうる状況である。しかしこのような場合であっても、第三者委員会はステークホルダー全体のために事実を明らかにするという任務を果たさなければならず、事実の隠蔽に手を貸すような行動（重大事実が判明しそうな状況で敢えて調査の手をゆるめることを含む）をとることはできない[8]。

①の重大なリコール隠しの例について見ると、調査報告書で事実を明らかにすることは、経営陣のみならず従業員や株主というステークホルダーにとって不利益を生じさせる可能性がある。しかし、第三者委員会は、個別のステークホルダーのために調査を行うのではなく、企業の社会的責任（CSR）の視点からすべてのステークホルダーのために調査を行う（この例についていえば、リコール制度の実効性維持による消費者の安全確保という公益＝国民全体というステークホルダーが重視されるといえる）ので、従業員や株主に不利益となる可能性があるという理由で調査の手をゆるめてはならない。

②の上場企業の重大な粉飾決算の例についても、調査報告書で事実を明らかにすることは上場廃止につながりかねず、株主や従業員というステークホルダーに重大な不利益を生じさせる。しかし、第三者委員会は、現在の株主や従業員という個別のステークホルダー

---

[8] なお、上場企業の場合には、別途、適時開示（タイムリー・ディスクロージャー）の問題も生じる。

第4章　本ガイドラインの逐条解説

のために調査を行うのではなく、資本市場の健全性維持という公益＝資本市場参加者というすべてのステークホルダーのために調査を行うのであるから、現在の株主や従業員に不利益を与えるという理由で調査の手をゆるめてはならない。また、上場を廃止すべき事実が認められる企業について事実を明らかにすることは、これから投資しようとする将来の株主の新たな被害を防止するという現実的な機能もある。

　なお、上場企業が有価証券報告書等に虚偽記載を行い、その影響が重大であると思われる場合には当該上場企業が発行する株式等の上場廃止が審査される。この審査は、東京証券取引所の場合、東京証券取引所自主規制法人上場管理部（以下、「東証自主規制法人」という）が行うことになる。東証自主規制法人が平成22年8月に公表した「上場管理業務について－虚偽記載審査の解説－」では、「不適切な会計処理等の発覚によって有価証券報告書等の訂正の必要が生じた上場会社は、速やかに適切な訂正を行うとともに、不適切な会計処理等に至った経緯や原因の究明、再発防止策の策定等が求められます。これに伴う上場会社の対応として、いわゆる第三者委員会を設置する例が多く見受けられます」とした上で、「上場会社としては、第三者委員会を設置する際には、その独立性等に十分に留意する必要があるといえます」「第三者委員会の設置に関しては日本弁護士連合会策定『企業等不祥事における第三者委員会ガイドライン』をご参照ください」と述べている（10ページ以下）。東京証券取引所が行う上場管理業務は上場維持か上場廃止かの決定を伴うものであることに鑑みると、東京証券取引所は第三者委員会に対して本ガイドラインに基づいて資本市場全体というステークホルダーを

念頭に置いた調査活動を行うこと求めているものと考えられる。

3．客観的な調査

　第三者委員会は、中立・公正な立場から、予断を排除して、証拠に基づいた「客観的な調査」（基本原則第2.）を行わなければならない。これは、第三者委員会が当該不祥事に関するセンセーショナルなマスコミ論調に迎合した恣意的な調査を行ってはならないということでもある。

　第三者委員会が独立した中立・公正な立場で客観性のある徹底した調査を行うという社会的な信頼性が確立されると、不祥事に対する経営陣の組織的関与が疑われているが実際にはそのような事実がない企業等に対して、自らの潔白を示すために第三者委員会の調査を受けるという選択肢を提供できることになる。

　たとえば、ある上場企業の取締役がインサイダー取引で摘発された場合に、他の取締役も関与した組織的なインサイダー取引が行われていたのではないかという疑いが生じている状況において、第三者委員会による徹底した調査を受けて「他の取締役によるインサイダー取引の存在等、組織性を疑わせる事実は発見できなかった」という調査結果が出されれば[9]、会社ぐるみのインサイダー取引疑惑を払拭することが可能になる。なお、このような場合、第三者委員会の完全な自由意思による調査スコープの決定、当該調査ロジック

---

9)　第三者委員会による調査により「不存在の証明」まではできない場合が多いため、あくまで「疑いを基礎づける事実は発見できなかった」という結論に止まる場合が多いであろう。

の説得性、企業側の第三者委員会に対する全面的協力等、ステークホルダーを納得させるに足る徹底的な調査の実施が前提となるのはいうまでもない。

4．独立性、中立性を確保するための保障

(1) 第三者委員会の起案権

　第三者委員会の独立性から導かれる当然の帰結として、調査報告書の起案権は第三者委員会に専属する（指針第2．1．）。これは文字通り、どのような事実認定、評価、原因分析を行うかはもっぱら第三者委員会のみが決定するものであり、企業等の干渉を受けないということを意味する。

(2) 調査報告書の記載内容

　第三者委員会は、調査により判明した事実とその評価を、企業等の現在の経営陣に不利となる場合であっても、調査報告書に記載する（指針第2．2．）。

　調査報告書の起案権が第三者委員会に専属することから導かれる当然の帰結であるが、記載の対象となる経営陣にとっても、記載の主体となる第三者委員会にとっても、現実的には最もつらい部分であるから、ステークホルダーに対する説明責任を果たすという第三者委員会の目的を達成するために不可欠な事項として、敢えてガイドラインに明記したものである。

(3) 調査報告書の提出前の非開示

第三者委員会への起案権の専属を実効化するため、企業等から求められても、第三者委員会は調査報告書提出前にその全部又は一部を企業等に開示しないという制度的保障が定められている（指針第2.3.）。

この点、第三者委員会が認定しようとしている事実の正確性を確認するために調査報告書案の全部又は一部を企業側に開示して意見を求めることが可能であるか否かが問題になるが、調査報告書案そのものを開示することは、第三者委員会の判断に対する企業側の注文を受け付けることにつながり独立性を阻害するおそれがあるため、不適切であると考えられる。

なお、第三者委員会が企業側にヒアリングを行う際に、心証を一部開示して評価、反論の機会を与えること自体は、事実認定や評価、分析の正確性を確認する目的である限りにおいて、許容されると考えられる。

(4) 収集した資料等の取り扱い（第三者委員会の処分権）

(イ) 原　　則

第三者委員会が調査の過程で収集した資料等については、原則として、第三者委員会が処分権を専有する（指針第2.4.）。

第三者委員会は、調査に際して関係者のヒアリングを行った時には、その速記録や要旨を作成する。また、広く社員に対して、自ら関係しあるいは見聞した問題事象の申告を求めることもあれば、ホットラインを設けて通報を受け付けることもある。さらに、統制

環境を調査するため社員に対するアンケート調査を行うこともある。このように、第三者委員会は多くの資料を収集する。

また、収集した資料からデータベースを作成することもある。

調査中であれ調査終了後であれ、これらの資料等が企業等に提供されて従業員の処分や人事評価等に使用されることになれば、調査対象者の第三者委員会に対する信頼性が失われ、調査への協力を得ることが困難になり、ひいては不祥事の実態を究明するという第三者委員会の目的が損なわれることになる。

そこで、活動指針4．①は、「調査の過程で収集した資料等については、原則として、第三者委員会が処分権を専有する」と定め、仮に企業等から調査の過程で収集した資料等の提出を求められても第三者委員会はこれを拒否できることとした。

この趣旨を確実にするため、第三者委員会には、次のような資料等の取り扱いが求められる。

・ 資料等は委員である弁護士が所属する法律事務所で保管する（企業等で保管しない）。
・ ホットライン通報は委員である弁護士が所属する法律事務所宛とする（メール通報についてはアドレスを専用の法律事務所のものとする）。
・ アンケート調査の回答先は委員である弁護士が所属する法律事務所宛とする（直接郵送等を行うのが煩雑な場合は企業等で取りまとめて委員に提供する形をとってもよいが、この際、企業等がその内容を見ることのないように手当をする）。
・ 第三者委員会の調査を補助するために設置された、従業員等により構成される事務局の担当者から、企業等に調査で知り得

た情報を伝達しない旨の誓約書の提出を受ける。
・　調査終了後しかるべき時期に資料等を廃棄し、必要に応じて廃棄証明書を作成、取得しておく。

㈹　収集した資料等の取り扱い（企業等に提供する場合）

　第三者委員会は、その判断で、収集した資料等を企業等に提供することも可能である（ただし、その性質上、アンケート調査結果やホットライン通報は除かれるであろう）。事案によっては、役員等の法的責任の追及のために法的責任判定・追及委員会に、人事処分のために企業等に資料等を提供する必要性が認められる場合もありうるからでる。

　ただし、このような可能性がある場合には、調査に際してあらかじめ調査対象者にその旨を告知しておくことが必要であろう。

5．委員になれない者

　企業等と利害関係を有する者は、企業等から独立して第三者委員会の業務を行うことが期待できないため、第三者委員会の委員となれない（指針第2.5.）。

　本ガイドラインでいう「利害関係を有する」とはどういう場合を意味するのかは、ケース・バイ・ケースで判断されることになる。

　顧問弁護士は経営陣を法的に守る立場にあるので、原則として利害関係を有する者に該当すると考えられる。ただし、最近増えてきた監査役会あるいは委員会設置会社の監査委員会への法的アドバイスに特化した顧問弁護士については、経営陣（執行ライン）を守る

べき立場にあるとはいえないので別に解する余地があるが、監査役会の機能不全等、コーポレートガバナンス上の問題が認められる場合には利害関係ありということになろう。

独立役員（独立取締役、独立監査役）である弁護士が第三者委員会の委員になれるか否かについては、ケース・バイ・ケースで判断されることになるが、取締役会や監査役会の機能不全等のコーポレートガバナンス上の問題が存在する可能性のある事案においては利害関係ありということになろう。

委員に就任しようとする弁護士と同一の法律事務所に当該企業等の顧問弁護士や役員である弁護士も所属している場合については、一律には判断できないが、少なくとも厳格なファイアーウォールの仕組みが確保されていることは不可欠である。

いずれにしても、本ガイドラインは、委員と企業等との利害関係について顧問弁護士を除いて一律の基準を示すことなく、第三者委員会の委員に就任するか否かは弁護士自身が判断すべき事項であるという立場をとっている。

重要なことは、「委員は第三者委員会に就任する際に当該企業等との関係性を開示する」という透明性を確保し、開示された関係性が第三者委員会の独立性や調査結果の中立性に影響を与えるものであったか否かはステークホルダーによる評価を待つ、というのが本ガイドラインの立場である。

「企業等不祥事における第三者委員会ガイドライン」の解説

第3．企業等の協力

関連するガイドラインの条項

基本原則
第3．企業等の協力
　第三者委員会は、その任務を果たすため、企業等に対して、調査に対する全面的な協力のための具体的対応を求めるものとし、企業等は、第三者委員会の調査に全面的に協力する。

指　　針
第3．企業等の協力についての指針
1．企業等に対する要求事項
　第三者委員会は、受任に際して、企業等に下記の事項を求めるものとする。
① 企業等が、第三者委員会に対して、企業等が所有するあらゆる資料、情報、社員へのアクセスを保障すること。
② 企業等が、従業員等に対して、第三者委員会による調査に対する優先的な協力を業務として命令すること。
③ 企業等は、第三者委員会の求めがある場合には、第三者委員会の調査を補助するために適切な人数の従業員等による事務局を設置すること。当該事務局は第三者委員会に直属するものとし、事

> 務局担当者と企業等の間で、厳格な情報隔壁を設けること。
> ２．協力が得られない場合の対応
> 　企業等による十分な協力を得られない場合や調査に対する妨害行為があった場合には、第三者委員会は、その状況を調査報告書に記載することができる。

１．企業等による全面的な協力の必要性

　第三者委員会の調査は、法的な強制力をもたない任意調査である。しかも、時間的制約の中で、少数の外部者（第三者委員会）が、いわば土地勘のない企業等で行う調査である。いかに有能な第三者委員会であっても、企業等の協力を得られずに孤立してしまえば、十分な調査結果を得ることができない。しかしこれでは、企業等が第三者委員会を設置した目的が達成できなくなる。

　したがって、調査の実効性を確保するためには企業等の全面的な協力が不可欠となる。

　そこで、第三者委員会は、その任務を果たすため、企業等に対して、調査に対する全面的な協力のための具体的対応を求めるものとし、企業等は、第三者委員会の調査に全面的に協力する（基本原則第３．）ことが必要となる。

　企業等による協力の前提となるのは、役職員による危機意識の共有である。第三者委員会が取得すべき重要情報の多くは役職員の記憶の中にある。また、捜索差押の権限を持たない第三者委員会が企業等の内部に隠された証拠資料を入手することは極めて困難であ

る。したがって、役職員に「第三者委員会による事実の究明に協力することが、企業等が危機的状況を脱するための最優先の職務である」という認識、つまり第三者委員会の調査に協力する動機と意欲を持たせることが、調査の実効性を上げるために極めて重要になる。そして、第三者委員会に協力して積極的に証言する役職員があれば、仮に否認を貫く役職員がいても、それを突き崩していくことが可能になる。

　ここで重要になるのは企業等のトップのメッセージである。トップは本心から第三者委員会の徹底した調査を求めているのか、それとも世論に対するその場しのぎの風よけとして第三者委員会を利用しようとしているのか、役職員は敏感に感じ取る。内部統制論において、統制環境を基礎づける大きな要因はトップの姿勢であるとされるが、これは危機管理としての第三者委員会設置の際にも同様に当てはまる。

　そこで、第三者委員会の調査開始時点において、トップが全役職員向けに、第三者委員会を設置した趣旨および調査に対する優先的協力等について、具体的かつ明確な指示を出すことが極めて重要になる。

２．第三者委員会が企業等に要求すべき事項

　第三者委員会による調査は強制力をもたない任意の調査であるとしても、第三者委員会が持てる力を出し切れば、相当程度真実に近づくことができる。

　第三者委員会による調査が公的機関による捜査、調査と異なるの

は、調査対象者の個人所有物（携帯電話や預金通帳）を強制的に取得できないことや身柄拘束による事情聴取ができないことなどであるが、第三者委員会はこれらの相違を過大視して不十分な調査の言い訳にすることなく（個人所有物でも任意提出を受けることは可能であるし、企業等の業務命令により事情聴取に応じさせることも可能である）、弁護士としての調査能力を最大限発揮して事実の核心に迫るよう努めるべきである。任意調査でどこまで真実に迫れるかは、まさに「弁護士の本業の実力」そのものであるといってもよい。

第三者委員会は、徹底した事実調査を行うために、以下の事項を企業等に要求すべきである。

(1) 資料等へのアクセス保障

第三者委員会は企業等に、あらゆる資料、情報、社員へのアクセスの保障を求める必要がある（指針第3.1.①）。

第三者委員会の調査は、強制力をもたない任意の調査であるため、この保障が不可欠となる。この保障が得られない場合は、独立した立場で徹底した調査を行うという第三者委員会の目的自体が達成できなくなるので、委員は受任を拒否すべきであり、すでに受任している場合には辞任すべきである。

(2) 調査に対する優先的な協力

第三者委員会は企業等に、調査への優先的な協力を指示する業務命令を求める必要がある（指針第3.1.②）。

単に「第三者委員会の調査に協力するように」というだけでは、役職員は業務多忙等を理由に調査に対して非協力的な対応を取るこ

とがある。このような状況を避けるために、企業等のトップには、第三者委員会の調査に対する協力が「最優先」事項であるという「業務命令」を出すことが求められる。

また、調査に対して真実を述べること、証拠（書証、物証だけではなくパソコンやサーバ上のメールやファイルなどの電磁的記録も含む）の破棄、隠匿、改ざんや口裏合わせ等の調査妨害行為を禁止する指示も必要である。

なお、第三者委員会の調査に対する協力を指示する業務命令にどの程度の強制力があるか、つまり調査への非協力それ自体に対して懲戒処分を科すことが可能かという問題がある。これについては、協力を求めている内容、社員が調査に応じない理由の合理性、懲戒処分の程度と妥当性などを総合的に考慮してケース・バイ・ケースで判断されることになろう。ただし、証拠を意図的に破棄、隠匿、改ざんするような積極的、作為的行為は、原則として、それ自体としても懲戒の対象となると言えるであろう。

いずれにしても、第三者委員会の調査が任意調査であることからすると、社内調査への協力を社員に強制する手段はないと考えておいた方がよく、第三者委員会としては、むしろ「いかにして協力させるか」という点を重視すべきであろう。

(3) 調査事務局の設置

第三者委員会は企業等に、調査を補助する適切な人数の従業員等による事務局の設置を求める必要がある（指針第3．1．③）。

第三者委員会が調査を実効的に行うためには、従業員から構成される有能な事務局が必要である。事務局員の数は、事案の規模にも

よるが、数名から十数名の範囲であろう。事務局員は、社内に存在する各種の資料の収集や、第三者委員会が証拠として取得した資料の整理等を行う。また、第三者委員会によるヒアリング対象者のアポ取り、ヒアリング場所の設定、速記録の作成等の事務作業も重要な任務である（ヒアリングは、できる限り目立たないように行う必要があり、そのためのアポ取りひとつをとっても、十分な配慮が必要になる）。

事務局には第三者委員会の「水先案内人」としての役割が期待される。社内事情に明るくない第三者委員会に対して、どのような資料がどの部門で保管されているのか、ある事項についての所轄はどの部門なのか、社内実務はどうなっているのか、ある事項については社内の誰が一番よく知っているのか等の情報を適時、適切に提供することで、調査の効率は著しく高まる。

第三者委員会の独立性、中立性を確保するためには、事務局員は職制上、第三者委員会に直属するものとして、第三者委員会の指示にしたがって調査業務を行うこととする。その上で、上司などの企業等の側に対する守秘義務を課すこと、つまり事務局担当者と企業等の間に厳格な情報隔壁を設けることも必要である。

なお、調査の質と調査の独立性、中立性を確保するため、企業等が選任した事務局員が不適任であると考えられる場合には、第三者委員会はその交代を要求すべきである。

3．協力が得られない場合の対応

第三者委員会は、企業等に対してあらゆる資料、情報、社員への

アクセスの保障を求めることになるし、仮にそれが得られない場合の第三者委員会側の対抗措置として委員の辞任が認められるが、そこにまで至らない個別の非協力等が存在した場合の対抗措置として、企業等による十分な協力を得られない場合や調査に対する妨害行為があった場合、第三者委員会は、その非協力や妨害行為の状況を調査報告書に記載することができる（指針第3.2.）。

第4．公的機関とのコミュニケーション

関連するガイドラインの条項

指　　針
第4．公的機関とのコミュニケーションに関する指針
　第三者委員会は、調査の過程において必要と考えられる場合には、捜査機関、監督官庁、自主規制機関などの公的機関と、適切なコミュニケーションを行うことができる。

1．第三者委員会と公的機関との関係

　不祥事の際には、捜査機関による捜査、調査機関、監督官庁による調査、自主規制機関等による審査等が行われることも多い。
　このような場合、第三者委員会は、必要に応じて、捜査機関、監督官庁、自主規制機関などの公的機関と、適切なコミュニケーショ

ンを行うことができる（指針第4.）。

　公的機関による捜査、調査等が行われている際、企業等が「捜査（調査）機関にすべてお任せしております」として、自らは何らの対応も行おうとしない事例も見かけられる。

　企業等が、捜査、調査等の妨害になるような行為をしないのは当然のことではあるが、これをエクスキューズに事実調査や原因究明を行おうとしないのは、企業等に自浄作用を果たす意思がないことを示すことになる。

　第三者委員会は、経営陣のための弁護団ではなく、すべてのステークホルダーのために不祥事の事実関係を調査し、原因を究明し、再発防止を図るための機関であり、第三者委員会は公的機関と対立する立場にはない。したがって、公的機関による捜査、調査等が行われていても、企業等が第三者委員会を設置することは何ら妨げられず、第三者委員会は、公的機関の捜査、調査等と並行して必要な調査を行うことができる。

　この場合、第三者委員会側が公的機関による捜査、調査等の妨げにならないように注意して調査を行うのは当然であるが、それと同時に、公的機関の側にも、第三者委員会設置の趣旨を理解して、不必要に第三者委員会の活動を制約することのないように配慮することが求められる。第三者委員会の活動に対する公的機関の配慮を可能にするのは第三者委員会に対する信頼感であるから、第三者委員会は企業等とともに公的機関に対して設置目的と活動原則を説明するなどして、理解を得ることが必要になる。

　第三者委員会は、捜査、調査、審査などの対象者、関係者等をヒアリングしようとする場合、第三者委員会が捜査機関、調査機関、

自主規制機関などと適切なコミュニケーションをとることで、第三者委員会による調査の趣旨の理解を得て必要なヒアリングを可能にすると同時に、第三者委員会のヒアリングが捜査、調査、審査などに支障を及ぼさないように配慮することが可能になる。

2．上場企業の虚偽記載審査における第三者委員会と東京証券取引所自主規制法人の関係

　上場会社が有価証券報告書等に虚偽記載を行い、その影響が重大であると思われる場合には、当該上場会社が発行する株式等の上場廃止が審査されることになる。上場廃止基準に該当しない場合でも、特設注意市場銘柄への指定、上場契約違約金の徴求等の措置がとられることがある。

　不適切な会計処理が発覚して有価証券報告書等の訂正の必要が生じた上場会社は、速やかに適切な訂正を行うとともに、不適切な会計処理に至った経緯や原因の究明、再発防止策の策定が求められるが、この過程で第三者委員会が設置される場合が多い。第三者委員会による調査結果は、東証自主規制法人による虚偽記載審査における上場企業の回答として提出され、上場廃止等の措置の該当性を判断する際の重要な要素となる。

　東証自主規制法人が平成22年8月に公表した「上場管理業務について－虚偽記載審査の解説－」では、上場企業が回答すべき審査事項として、「虚偽記載の原因となった行為の内容」「原因行為に基づき行われた不適切な会計処理等の内容」「原因行為への全関係者の関与状況」「関係者の行為が会計的に誤りであったこと及びかかる

誤りが財務諸表等に与える影響に関する当時の各関係者の認識の有無」「各関係者の目的や動機」「内部管理体制等の問題」「再発防止策」等があげられている（6～10ページ）。

このような状況で設置される第三者委員会の主たる目的は、不適切な会計処理に関する徹底した事実調査と原因究明に基づく開示、報告であるが、それは上記の審査事項を中心として行われることになるので、第三者委員会には、その目的を達成するため東証自主規制法人と適切なコミュニケーションをとることが求められる。具体的には、第三者委員会が、東証自主規制法人の要請がある場合には自らの判断で、調査の状況を説明し、あるいは、企業等から東証自主規制法人に提出された調査報告書の内容について補足説明を行うことなどが考えられる。

第5．委　員　等

1．委員および調査担当弁護士等

(1) 委員の数

関連するガイドラインの条項
指　針

> 第5．委員等についての指針
> １．委員及び調査担当弁護士等
> ⑴　委員の数
> 　第三者委員会の委員数は３名以上を原則とする。

　第三者委員会の委員数は３名以上を原則とする(指針第５．１．⑴)。

　第三者委員会は、通常３名から５名の委員で構成される。委員会による調査は、不祥事の事実認定にとどまらず、内部統制やガバナンス上の問題、さらには企業等の組織風土にも踏み込んだ徹底的な発生原因の分析を行ったうえで再発防止の提言を行うものであり、慎重な検討や的確な判断を行うことが不可欠である。そのためには、たとえば３名の委員による合議を行えば、視点が３つとなり、各人がこれまで培ってきた知見と経験を活かした事実認定や原因分析が可能となる。また、再発防止策についても、全委員が十分な議論のうえコンセンサス（合意）に至ることが、その実効性を担保するために効果的であろう。もっとも、委員の人数をあまりに多くすることは、かえって議論が散漫になり、また委員長などの他人任せとなってしまう委員が出てくるおそれもあり、適当ではない。

　複数の委員による異なる視点からの事実認定等という趣旨からすれば、弁護士である委員同士は、同じ法律事務所に属していないこと、また、忌憚のない議論を行うためには、実質的な上下関係にないなど相互に独立した関係にあることが必要である。この点、企業等も、委員を依頼するに際して、第三者委員会が外形的にも「馴れ合い所帯」となっているという誤解を受けないよう、委員相互の関係にも留意することが適切である。

なお後述のように、多様なステークホルダーの視点からの評価を行うためには、委員の多様性を確保することも重要となってくる(指針第5.1.(2)後段)。

(2) 委員の適格性

関連するガイドラインの条項

指　針

第5．委員等についての指針

1．委員及び調査担当弁護士等

(2) 委員の適格性

　第三者委員会の委員となる弁護士は、当該事案に関連する法令の素養があり、内部統制、コンプライアンス、ガバナンス等、企業組織論に精通した者でなければならない。

　第三者委員会の委員には、事案の性質により、学識経験者、ジャーナリスト、公認会計士などの有識者が委員として加わることが望ましい場合も多い。この場合、委員である弁護士は、これらの有識者と協力して、多様な視点で調査を行う。

(イ) 弁護士委員の適格性

　第三者委員会の委員となる弁護士は、当該事案に関連する法令の素養があり、内部統制、コンプライアンス、ガバナンス等、企業組織論に精通した者でなければならない(指針第5.1.(2)前段)。

　このように委員となる弁護士には、証拠評価能力や事実認定能力などの弁護士としての基本的な能力に加え、第三者委員会の調査に

「企業等不祥事における第三者委員会ガイドライン」の解説

社会規範も踏まえた評価

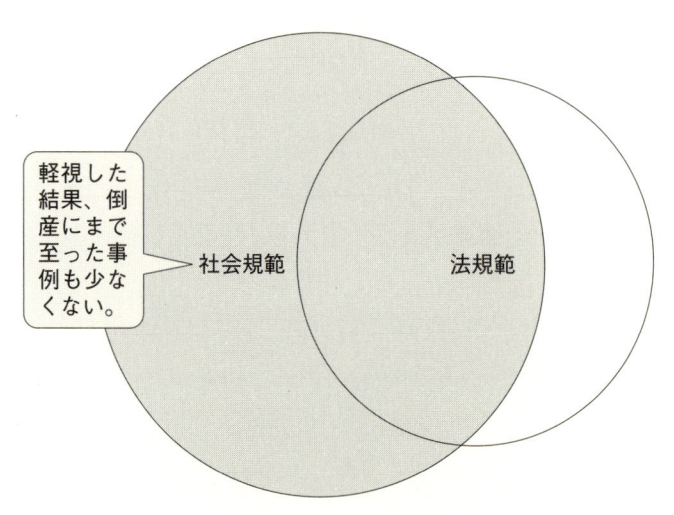

軽視した結果、倒産にまで至った事例も少なくない。 → 社会規範　　法規範

コンプライアンス ≠ 法令（等）遵守

特有の専門性を有することが必須である。

　法令面では、一般的な民事法、刑事法に関する知識に限らず、たとえばインサイダー取引事案であれば金融商品取引法、談合や優越的地位の濫用事案においては独占禁止法や下請法、食品偽装ではJAS法や不正競争防止法など、各事案に関連する専門法令の知識も必要である。また、企業等の組織上の問題点の検討においては、会社法における内部統制やコーポレートガバナンスに関する知識に加えて、対象企業等における内部統制システムやコーポレートガバナンスを規律する業法（たとえば銀行であれば銀行法）等に関する知識も欠かせない。加えて、ステークホルダーの目線から不祥事の評価を行うためには、ハードロー（法的拘束力があり、最終的に裁判所で

履行が義務付けられるもの）だけでなく、業界団体のガイドラインや企業等の社会的責任（SR）の根拠となる企業倫理等のソフトローに関する理解も不可欠である。ソフトローは法的拘束力はないものの、たとえば反社会的勢力関連先に対する業務委託など、社会規範に反する行為は痛烈な批判を浴びるなど社会から強い制裁を受け、企業等が消滅にまで至るケースも珍しくない。「法令違反でないから大したことはない」という法令に偏重した発想はきわめて危険である。

　また、委員となる弁護士の内部統制やガバナンス等といった企業組織論に関する知識や理解には、単なる机上のものではなく、「生き物」としての動的な組織を扱ってきた実務感覚が欠かせない。そのため、たとえば過去に第三者委員会の調査担当弁護士を複数回務め、または企業等に対してコンプライアンス体制など内部統制システムの整備や検証に係る実務経験またはコンサルティング業務などの実務経験を有していることが望ましい[10]。

(ロ)　**委員の多様性確保**

　第三者委員会の委員には、事案の性質により、学識経験者、ジャーナリスト、公認会計士などの有識者が委員として加わることが望ましい場合も多い。この場合、委員である弁護士は、これらの有識者と協力して、多様な視点で調査を行う（指針第5.1.(2)後段）。

　不祥事が企業等の持続可能性に及ぼす影響度などの重大性の評価

---

[10]　第三者委員会調査に係る専門性を有する弁護士は現状、人材が限られており、調査担当弁護士の育成を含め、委員候補を育成する等の取り組みが今後必要となってこよう。

や再発防止策の提言は、法的観点からだけでなく、組織の社会的責任（SR）の観点からも行うことが重要である。この点において、弁護士は法律の専門家であるが、投資家、消費者、取引先、従業員、地域社会など不祥事に利害関係を有する多様なステークホルダーと同等の目線を有しているとは限らない。そのため、事案によっては、弁護士だけでなく、これらのステークホルダーの視点から調査を行える委員が加わることが望ましい場合も少なくない。

短い調査期間内で事実関係を効率的に把握し、コンプライアンス体制のレベルや企業風土を的確に把握するためには、調査対象である企業等が属する業界や業務分野に詳しい者を委員に加えることも有益である。

また、たとえば、粉飾決算や有価証券報告書訂正などの会計分野に関わる不祥事であれば、公認会計士が委員として加わることが一般的である。

弁護士以外の委員についても、調査において期待される役割を果たせる専門性に加えて、調査対象の企業等からの独立性を有していることは必須である。また、調査対象の企業と競合関係にある者を委員にすることは、利益相反の観点から適当ではない。

弁護士等の法律上の守秘義務を負っている者以外の委員においては、かかる義務についての認識や理解が必ずしも十分でない場合もある。委員への選任に際しては守秘義務に係る誓約を企業等に対して行うとともに、第三者委員会においては、委員が調査を通じて得た情報を不当に第三者に開示したり、調査目的を超えて使用することのないよう相互に十分留意し、疑問点などがあればあらかじめ全員で確認・協議することが適当である。

(3) 調査担当弁護士

> **関連するガイドラインの条項**
>
> 指　針
> 第5．委員等についての指針
> 1．委員及び調査担当弁護士等
> (3) 調査担当弁護士
> 　第三者委員会は、調査担当弁護士を選任できる。調査担当弁護士は、第三者委員会に直属して調査活動を行う。
> 　調査担当弁護士は、法曹の基本的能力である事情聴取能力、証拠評価能力、事実認定能力等を十分に備えた者でなければならない。

(イ) 調査担当弁護士の選任

　第三者委員会は、調査担当弁護士を選任できる。調査担当弁護士は、第三者委員会に直属して調査活動を行う（指針第5．1．(3)前段）。

　第三者委員会は事実調査を行う委員会であるが、事案によっては、委員が直接すべての事実調査を行うことは時間的、物理的に不可能なことも多い。このような場合、事実調査を行う調査担当弁護士チームの設置が必要になる。

　第三者委員会の調査における第一の任務は事実認定であり、そのためには多くの書証の検証や多くの関係者へのヒアリングが必要になる。関係者の供述が相互に矛盾する場合も多い。また、ヒアリング対象者の中には責任を問われることを恐れて重要な事実についての供述を拒んだり、虚偽の供述をする者も少なくない。このような

状況で適切な事実認定を行うためには、裁判や交渉を通じて事情聴取や供述の信用性判断などの経験を積んだ弁護士の技能が不可欠となる。調査担当弁護士の力量は事実認定の結果の質を大きく左右するので、この選任はきわめて重要である。

　調査担当弁護士は、第三者委員会に直属して委員会と一体になって調査を行うことになる。また、調査担当弁護士が、内部統制システムやガバナンスの全体像、さらにはそれを取り巻く環境からの検証という「大きな視点」を見失わないよう、委員である弁護士は、それぞれの調査担当弁護士が担当する調査が調査報告書の全体像の中でどのように位置づけられるかを十分に理解させる必要がある。したがって、委員による合議の場にも当然参加させる。

(ロ)　調査担当弁護士の適格性

　調査担当弁護士は、法曹の基本的能力である事情聴取能力、証拠評価能力、事実認定能力等を十分に備えた者でなければならない（指針第5.1.(3)後段）。

　調査担当弁護士は、委員として求められる専門性までは必要ないものの、調査報告の基となる事実関係の調査・認定を的確に行える、法曹の基本的能力を十分に備えた者でなければならない。また、独立性については、調査対象である企業等からの独立性が必要であることは委員と同じであるが、弁護士委員との関係では、当該委員からの指示内容を的確に理解できるなどの点において、たとえば委員が所属する法律事務所のアソシエイトから選任されることが望ましい場合が多いであろう。

2．調査を担当する専門家

> 関連するガイドラインの条項
>
> 指　　針
> 第5．委員等についての指針
> 2．調査を担当する専門家
> 　第三者委員会は、事案の性質により、公認会計士、税理士、デジタル調査の専門家等の各種専門家を選任できる。これらの専門家は、第三者委員会に直属して調査活動を行う。

(1)　各種専門家の選任

　第三者委員会は、事案の性質により、公認会計士、税理士、デジタル調査の専門家等の各種専門家を選任できる。これらの専門家は、第三者委員会に直属して調査活動を行う（指針第5．2．）。

　調査事案の性質に鑑みて、第三者委員会は、調査担当弁護士以外にも、事実関係の調査や原因分析などにおいて専門家のサポートを受けることが適切な場合には、委員会に直属して調査活動を行う専門家を選任できる。たとえば、不正会計に関連する事案の場合には調査担当公認会計士の参加が必須となる。

　第三者委員会に選任される専門家についても、企業等からの独立性、調査の客観性・公正性を確保することが必要である。そこで、第三者委員会は、たとえば専門家が企業等と直接の契約関係に立つ場合においても、当該契約において、調査結果の報告等を第三者委

員会のみに対して行うことの明記を求める。

(2) 調査会社の適格性チェック等

　企業等では、ほとんどの業務はパソコンを使って行われ、業務に関連する資料の大部分は電子的に作成される。社内、社外への連絡も電子メールで行われることが多い。そのため、第三者委員会による調査では、デジタル・データの調査がその重要部分を占めるようになってきている。ところが、デジタル・データは分量が膨大であり、数千通から数十万通ものデータ調査が必要になることも稀ではなく、そのため、いわゆるデジタル・フォレンジックの専門家に依頼することが必要になる。

　他方、デジタル・フォレンジックなど多量かつ機密性の高い情報の分析等を委託する先において、万一、調査対象情報の漏えい等が発生した場合には、第三者委員会はその信頼を失い、企業等から情報提供等を受けることが困難となるなど、第三者委員会の調査目的を達成することはきわめて困難となってしまう。

　そこで第三者委員会としては、委託先の選定基準として、たとえば、①情報の漏えい事件が過去に発生していないこと、②個人情報保護法など情報保護に関するコンプライアンス体制が整備されていること、③受託業務を適切に遂行できない事態が生じた際の代替手段が確保されていること、などをあらかじめ定めておき、選定に際して基準に合致するか否かをチェックすることが適当である。それとともに、情報の漏えいや目的外使用の禁止、調査終了後の情報返却または破棄といった守秘義務に関する項目を契約書に規定し、委託業務の遂行状況を適宜モニタリングして、必要に応じて改善を要

請することも考えられる。

第6. その他

1. 調査の手法など

関連するガイドラインの条項

指　　針

第6. その他

1. 調査の手法等

　第三者委員会は、次に例示する各種の手法等を用いて、事実をより正確、多角的にとらえるための努力を尽くさなければならない。

　第三者委員会は、次に例示する各種の手法等を用いて、事実をより正確、多角的にとらえるための努力を尽くさなければならない（指針第6.1.柱書）。

　不祥事の再発防止策を提言する前提として、第三者委員会は当該不祥事に限らず、その周辺事実や原因となった事実をより正確、多角的にとらえるための調査を行い、証拠を分析・評価しなければならない。

　第三者委員会は、「なぜ不祥事が発生したのか？」の問いを繰り

「企業等不祥事における第三者委員会ガイドライン」の解説

返すことにより、より深く原因を探り、ガバナンスや企業等の組織風土の問題にまで遡って、その原因究明を行っていくことになる。この場合、原因として示された事象と不祥事という結果との間には、法的な意味における因果関係までは必ずしも必要ではないが、少なくとも社会的観点から合理的な因果関係が認められることは必要である。このためには、調査の対象となる内部統制システムの枠組みや施策内容、すなわち、取締役会で決定された基本方針に則って全社レベルで整備・運用される内部規程や組織体制、研修、指導監督、モニタリングや改善活動等の概要についての、提出書類等による理解は必須である。

> 原因分析のポイント
> ① 原因（不祥事がなぜ発生したのか？）を問い続ける
> ② 原因と結果（問題）との間の合理的な因果関係の有無

　第三者委員会は、実際の不祥事が発生している現場からボトム・アップで調査を進めていく際には、中途半端な原因分析や主要因の取り違えにより根本的なガバナンスや組織風土上の問題を看過することのないよう、不祥事の本質を把握した調査を行うことが、ステークホルダーに対する責務であることを忘れてはならない。

（例示）

(1) 関係者に対するヒアリング

> 関連するガイドラインの条項

> 指　　針
> 第6．その他
> 1．調査の手法など
> ① 関係者に対するヒアリング
> 　委員及び調査担当弁護士は、関係者に対するヒアリングが基本的かつ必要不可欠な調査手法であることを認識し、十分なヒアリングを実施すべきである。

(イ)　ヒアリングの実施

　委員及び調査担当弁護士は、関係者に対するヒアリングが基本的かつ必要不可欠な調査手法であることを認識し、十分なヒアリングを実施すべきである（指針第6.1．①）。

　第三者委員会は、不祥事それ自体だけではなく、その発生原因を究明するための調査も行うことから、ヒアリングの対象者も、不祥事の行為者やその周辺者に限らず、内部統制システムを整備、運用する部署の担当者や、ガバナンスや組織風土に係る役員等、調査スコープに照らして多岐にわたることとなる。第三者委員としては、調査対象の不祥事とその原因分析・再発防止策を視野にいれて、ヒアリング目的の明確化、ヒアリング対象者の選定、ヒアリング事項の決定、これらに基づくヒアリングの実施と結果の証拠化を効率的に行っていく必要がある。

　ヒアリングの手順としては、たとえば以下のようなものが考えられる。

　【ヒアリングの企画・準備】

「企業等不祥事における第三者委員会ガイドライン」の解説

不祥事件の細部にこだわり過ぎて「木を見て森を見ず」にならないよう、不祥事とその原因に係る全体図（仮説）を踏まえて、それぞれのヒアリングから何（不祥事件の有無〜組織風土）を確認するのか目的を明確したうえでヒアリング対象者を選定するとともに、関係書証を整理し、ヒアリング事項を入念に準備しておく。

【ヒアリングの実施】

第三者委員会のヒアリングは、不祥事の行為者を含めて関係者の責任追及を主目的とするものでなく、事実を究明し、企業等の信頼回復を図ることを目的としている（ただし、結果的に責任追及のための証拠として用いられる可能性はある）。そのため、対象者に対しては、このようなヒアリングの目的を冒頭に告げるとともに、企業等の信頼回復のための協力を依頼する姿勢で臨む。

また、ヒアリング対象者の記憶が誤っていたり、曖昧であることはむしろ通常であり、実施者としては、対象者の話を５Ｗ１Ｈで整理し、確認するとともに、話を裏付ける客観的な証拠がないか、逆に矛盾する証拠がないかを確かめつつ、ヒアリングを進めていく。このことは、通常の弁護士業務において関係者から事情聴取を行う際の留意点と同様である。

【記録・証拠化】

ヒアリング内容については、証拠化の観点からはできる限り詳細な記録を作成することが望ましい一方、限られた調査期間と人員等にも照らして、第三者委員会として最も適切な方法を、事案の性質やヒアリング対象者の属性等も踏まえつつ決定すべきである。

なお、正確性の担保の観点からは、原則として２人（質問者と

記録者）以上でヒアリングを実施することが妥当である。

(ロ) 否認者対応としての上司の説得

　不祥事の実態を解明するためのキーパーソンがヒアリングで固く口を閉ざすことがある。この場合、当該キーパーソン自身を厳しく追及してもますます頑なになってしまうおそれが高い。むしろ、第三者委員会としては、経営者やこのキーパーソンの上司を説得し、事案解明による企業等の信頼回復の重要性、そのためにはキーパーソンから事実を明らかにしてもらう必要があることを理解・納得してもらうよう努めることも考えられる。それに成功すれば、キーパーソンからの協力を得られることが期待される。

(2) 書証の検証

関連するガイドラインの条項

指　　針

第6．その他

1．調査の手法など

② 書証の検証

　関係する文書を検証することは必要不可欠な調査手法であり、あるべき文書が存在するか否か、存在しない場合はその理由について検証する必要がある。なお、検証すべき書類は電子データで保存された文書も対象となる。その際には下記⑦（デジタル調査）に留意する必要がある。

　関係する文書を検証することは必要不可欠な調査手法であり、あ

るべき文書が存在するか否か、存在しない場合はその理由について検証する必要がある(指針第6.1.②本文)。

第三者委員会の調査において、書証を検証することの重要性は、裁判実務など通常の弁護士業務と異なるものではない。検証事項としては、たとえば、対象文書の作成名義人の確認、作成目的、使用状況、内容の正確性(改ざん等の有無)などがある。また、対象企業等の業務プロセスに照らして、本来あるべき重要文書の存否を確認し、もし存在しない場合には破棄等の可能性を疑ってみることも必要である。

また、第三者委員会による調査対象文書は、不祥事に直接関連するものに限られず、その原因となったコンプライアンス体制、内部統制システム、コーポレートガバナンス等に関するものも広く対象となる。この点、事案の性質等に照らして通常、調査が必要となる文書についてはリスト化し、調査の初期段階で企業等から提出を受けておくことが、限られた期間内で調査を効率的に進めるために必要である。

以下は、提出を依頼する文書リストの一例である。

【内部統制・ガバナンス】
- ディスクロージャー誌
- 組織図
- グループ図
- 関係会社一覧
- 会社登記簿謄本
- 定款・組織規程・業務分掌規程

- 各種社内規程集
- 経営計画
- コンプライアンス・マニュアル／業務マニュアル
- 内部監査マニュアル

【会議録資料】
- 会議、委員会一覧
- 取締役会資料・議事録
- 役員会資料・議事録
- 監査役会資料・議事録
- 部店長会議資料・議事録
- 内部統制関係会議等資料・議事録
- 内部監査報告書

なお、検証すべき書類は電子データで保存された文書も対象となる。その際には下記⑦（デジタル調査）に留意する必要がある（指針第6.1.②なお書き）。

(3) 証 拠 保 全

関連するガイドラインの条項

指　　針
第6．その他
1．調査の手法など
③　証拠保全
　第三者委員会は、調査開始に当たって、調査対象となる証拠を保全し、証拠の散逸、隠滅を防ぐ手立てを講じるべきである。企業等は、

> 証拠の破棄、隠匿等に対する懲戒処分等を明示すべきである。

　第三者委員会は、調査開始に当たって、調査対象となる証拠を保全し、証拠の散逸、隠滅を防ぐ手立てを講じるべきである（指針第6.1.③）。

　責任追及をおそれる者が重要証拠を調査期間中に破棄、改ざん等することも十分あり得るが、当局検査に対する「検査忌避」行為が処罰されることとは異なり、第三者委員会としてこのような行為を法的に防止する規定はない。そのため、第三者委員会は、調査対象となる証拠を保全し、証拠隠滅を防ぐ手立ても考えなければならない。

　このために、企業等は、第三者委員会の設置に際して、証拠の破棄、隠匿等に対する懲戒処分等を明示すべきである。また、関係部署に対して「第三者委員会の調査期間中、資料等の持ち出しおよびシュレッダー使用禁止」や「パソコン内のファイルやメールの削除禁止」を指示することも必要である。削除されたデジタル・データは多くの場合、復元可能であるが、これには手間とコストがかかる。

　システム上、企業等のサーバーにも保存されることになっているメール等のデジタル・データは、従業員のパソコンで削除してもサーバー内には残る。しかし、サーバー上のデータも一定期間経過後に自動的に削除される仕組みになっているのが通常なので、サーバーの自動削除機能を停止する必要がある。

　これらの証拠保全措置は、前述の第三者委員会の調査に協力する業務命令と同時に、社長命令によって行われることになろう。トップは、役職員に対して、①文書・メールの破棄・削除・改ざんの禁

止（破棄・削除が必要な場合には委員会の承認を得ること、システム部署に対して必要な対応を指示すること）、②シュレッダーの使用禁止（破棄文書は専用箱に入れて保管する）、③無断破棄・削除等は懲戒処分の対象となる旨の指示等を、調査開始にあたって行い、周知徹底を図るとともに、適宜リマインドを行うことが重要である。

なお、企業等におけるパソコンデータを含む証拠等に対する第三者委員会のアクセスを確保（閲覧を可能とするメールサーバーへのアクセスの確保など）することも、証拠隠滅等に対する心理的な歯止めとなり得る。

(4) 統制環境等の調査

関連するガイドラインの条項

指　　針
第6．その他
1．調査の手法など
④　統制環境等の調査
　統制環境、コンプライアンスに対する意識、ガバナンスの状況などを知るためには社員を対象としたアンケート調査が有益なことが多いので、第三者委員会はこの有用性を認識する必要がある。

統制環境、コンプライアンスに対する意識、ガバナンスの状況などを知るためには社員を対象としたアンケート調査が有益なことが多いことから、第三者委員会はこの有用性を認識する必要がある（指針第6．1．④）。

コンプライアンス体制や内部統制システムの整備状況など、いわ

ば「形」については社内規程やマニュアルといった書証の検証を通じて確認できるが、その運用実態や組織風土（コンプライアンス意識）は、書証によっては検証できない。この点、ヒアリングによっても調査できるが、多人数からのヒアリングは現実的ではない。そこで、従業員を対象としたアンケート調査を実施することが効果的な場合も多い。

　従業員アンケートの項目は、不祥事の発生原因となり得るコンプライアンス体制、内部統制システム、ガバナンスや企業風土に関する問題点を幅広く問うものとし、かつ自由記載欄を設けることが適当である。

　このように従業員アンケートは、従業員の「生の声」として、経営者が日常で必ずしも把握していない企業等の問題や課題を浮き彫りにし、当該不祥事の再発防止に限らない、その企業等の信頼回復と持続可能な発展に向けた重要な取組事項を示してくれる。

　経営者や上司に対して面と向かってモノがいえない従業員からの「生の声」をアンケートから拾い上げるためには、アンケート目的の十分な説明と回答内容の厳秘を約束するとともに、たとえば、①記名式（長短所：回収が確認できる・責任ある回答が得られる・自由で率直な意見が得られにくいときもある）と無記名式（長短所：記名式の反対）のどちらにするか、②設問方式を選択式とするか自由記述式（長短所：アンケート作成は楽であるが、記述者に負荷がかかり、多くの回答を得られず、あとの集計・分析も困難である）とするかなどを検討する必要がある。この点、①無記名式とする場合には、全くの匿名ではなく、たとえば所属部署や階層などは明らかにしてもらうことが、回答分析の為に必要であろう。また、②については、選

択式を基本としつつも自由記述欄を織り込むことが多い。

アンケートの提出先は、当該企業等の内部にある事務局ではなく、第三者委員会の委員長の事務所などに直送してもらうことが適切である。

【調査の手法と調査対象事項との組み合わせ】

これまで述べてきた調査の手法と、実際の調査対象事項との組み合わせに関する具体例として、従業員によるインサイダー取引事案を例にして示すことにする。

> １．本件行為者の株取引に対する調査
> 　取引行為者による有価証券売買について、インサイダー取引及び守秘義務違反（業務上知った情報の私的利用）の観点から、取引履歴の取得・検証、取引行為者及び関係者のヒアリング、取引行為者が勤務していた部署の実地検証などを行う。
> ２．企業等のコンプライアンス体制の調査
> 　企業等のインサイダー取引防止体制を含むコンプライアンス体制の構築・整備状況につき、当該企業等のインサイダー取引防止のための諸規程などのコンプライアンス関連規程、各種マニュアル、教育・研修の実施状況などを検証するとともに、コンプライアンス統括部署の責任者等の関係者にヒアリングを実施する。
> ３．企業等のインサイダー取引防止ルールの遵守状況の調査
> (1)　株取引調査
> 　企業等内に、本件行為者以外にインサイダー取引防止ルールにしたがった届出等を行わないで株取引を行った者がいないかどう

> かについての記名式の調査を行う。さらに、違反の自己申告に対しては個別面談方式によるヒアリングを実施する。
> (2) 過去の株取引申告調査
> インサイダー取引防止ルールの遵守状況を検証するため、このルールに基づく過去の届出状況を調査する。
> 4．統制環境についての調査
> 企業等の統制環境を知るために、全役職員を対象に無記名式で株取引等に関する意識調査を行う。
> また、統制環境の要となる経営層の意識を確認するため、社長など経営陣に対するヒアリングを実施する。

このように、第三者委員会による調査では、調査対象となる各事項と不祥事の行為者から経営層まで、調査目的に照らして効果的と考えられる調査手法を選択し、組み合わせていくことが重要である。

(5) 自主申告者に対する処置

関連するガイドラインの条項

指　　針
第6．その他
1．調査の手法など
⑤　自主申告者に対する処置
　企業等は、第三者委員会に対する事案に関する従業員等の自主的な申告を促進する対応をとることが望ましい。

企業等は、第三者委員会に対する事案に関する従業員等の自主的

な申告を促進する対応をとることが望ましい（指針第6.1.⑤）。

　不正の実行行為者やその共謀者が、何のメリットもないのに事実を申告してくることは通常は期待できない。そこで、期間を定めて、積極的に自主申告を行った者に対する懲戒処分の減免を実施する取り扱いが考えられる。

　ただし、そもそも懲戒処分の減免自体を行い得ない極めて重大な行為もあり得るので、アナウンスの仕方としては「自主申告につき懲戒の減免をする」と断言するのは適切ではなく、「原則として減免する」というやや歯切れの悪いものにならざるを得ないのであろう（その分、アナウンスの有効性が減殺されるが、やむを得ない）。

　なお、自主申告が行われる場合でも、それが不正行為の一部についてだけのことも多いが、その一部自主申告を端緒にして不正行為の全体像が明らかになることも多い。このような場合、減免をどの程度行うのが適切かという実務上の困難性もある。

　しかし、自主申告者への減免処置は、実際に自主申告の促進に有効に機能する場合が多く、実務上の困難性をしのぐ実益をもたらすことが多いので、積極的に用いることが考慮されてよい。

　なお、後述⑥の第三者委員会専用のホットラインを設置し、それを従業員等に周知することにより、相互牽制機能、つまり「他の誰かから自分のことを通報されるより、自分から話しておく方がよい」との発想により、従業員からの自主申告を促す効果が期待できる。

(6) 第三者委員会専用のホットライン

> **関連するガイドラインの条項**
>
> 指針
> 第6．その他
> 1．調査の手法など
> ⑥ 第三者委員会専用のホットライン
> 　第三者委員会は、必要に応じて、第三者委員会へのホットラインを設置することが望ましい。

　第三者委員会は、必要に応じて、第三者委員会へのホットラインを設置することが望ましい（指針第6.1.⑥）。

　現場の重要情報が第三者委員会に直接伝わりやすくするための第三者委員会への情報提供ホットラインの設置は有益である。これは通常の内部通報制度とは別立ての第三者委員会専属の内部通報制度である。第三者委員会の存在意義が調査の進展に伴って従業員に理解されてくれば、当初は疑心暗鬼であった従業員から有益な情報が寄せられるなど、積極的な協力が得られることも少なくない。そのような情報提供の窓口として、ホットラインを設けることは望ましく、設置にあたっては、ホットラインの意味を従業員に十分認知されるようにすることが重要である。

　通報者および通報内容は第三者委員会のみが把握し、企業等に情報が伝わらないことを外観上も明らかにしておく必要がある。そのため、書面およびメールによる通報先としては、企業等の内部ではなく、第三者委員会の委員が所属する法律事務所の住所、電話番号、

専用アドレスなどを明示する。

通報された情報内容については、第三者委員会においてただちに事実関係を調査し、速やかに確認することが、ホットラインに対する信頼性を高めるためにも重要である。

また、寄せられた情報は、機密情報として厳重に管理され、委員および調査にあたる者以外には開示・提供されないことや、情報提供を行ったこと自体を理由として、提供者が企業等で不利益な取扱いを受けることがないよう、第三者委員会としても万全を期すことが肝要である。

他方、第三者委員会による調査を妨害・混乱させる目的で虚偽の情報が流されるケースや、特定の役職員の不当な追い落としや派閥闘争などにホットラインが悪用されるケースも有り得る。第三者委員会としては、そのようなケースも想定のうえ、寄せられる情報の真偽の判断、また提供者の意図を的確に見抜く能力も必要である。

(7) デジタル調査

関連するガイドラインの条項

指　　針

第6．その他

1．調査の手法など

⑦　デジタル調査

　第三者委員会は、デジタル調査の必要性を認識し、必要に応じてデジタル調査の専門家に調査への参加を求めるべきである。

第三者委員会は、デジタル調査の必要性を認識し、必要に応じて

デジタル調査の専門家に調査への参加を求めるべきである（指針第6.1.⑦）。

　デジタル調査（デジタル・フォレンジック）とは、パソコンやサーバーなどのデジタル・データから不正行為などの証拠を収集する技術のことをいう。つまり、不祥事が生じた際に、調査や原因究明に必要な機器や電子的記録を収集・分析し、その証拠を明らかにする手段や技術の総称をいう。

　調査の手法は、各種キーワード等によりファイルやメールなどのデジタル・データを検索して絞り込みをかけてゆき、不正行為などの証拠を発見するというものである。また、対象とするパソコン等から証拠となるデータを探し出すこと、サーバー等のログファイルからアクセスの記録を割り出すこと、破壊・消去されたディスク等を復元して証拠となるデータを復元することなども行われる。さらに、コピーや消去、改ざんが容易であるという電子データの性質に対応して、データが捏造されたものか否かの検証や、調査の段階でデータが改ざんできないよう工夫して同一性を保全することもある。

　このような作業は専門家の助けを借りることが必要不可欠である。ただし、調査目的達成のための検索・絞り込みという調査ロジックの構築はあくまで第三者委員会が行う必要があり、全面的に委ねて丸投げすれば証拠をみつけてくれるというものではない。専門家はこれに対して技術的支援を行うことになるが、第三者委員会の調査目的を十分に理解して委員や調査担当弁護士と対等に議論しながら検索・絞り込みロジックを構築していく力をもつ優秀な専門家を選任できれば調査の効率は著しく高まる。

企業等は、第三者委員会の調査にはデジタル・データの調査が伴うことを理解し、それに協力すること（デジタル検索のためのサーバー等へのアクセスへの協力、専門業者に対する費用の支払い等）が必要である。

2．報酬について

> **関連するガイドラインの条項**
>
> 指　針
> 第6．そ　の　他
> 　2．報　　酬
> 　弁護士である第三者委員会の委員及び調査担当弁護士に対する報酬は、時間制を原則とする。
> 　第三者委員会は、企業等に対して、その任務を全うするためには相応の人数の専門家が相当程度の時間を費やす調査が必要であり、それに応じた費用が発生することを、事前に説明しなければならない。

(1)　時間制を原則

　弁護士である第三者委員会の委員及び調査担当弁護士に対する報酬は、時間制を原則とする（指針第6.2．第1文）。

　これに対して、委員の著名性を利用する「ハンコ代」的な報酬は、委員会としての調査をきちんと行っていないか、または体制上は著名な弁護士が任命されていても社内調査の結果をそのまま丸呑みし

て事務局が起案した報告書にサイナーとして判子を押しただけではないか、との疑念を持たれるおそれがあり、不適切な場合が多い。逆に、実働を超えた高額な報酬も、あらぬ疑惑を招くだけである。

　また、成功報酬型の報酬体系も、企業等が期待する調査結果を導こうとする動機につながりうるので、不適切な場合が多い。

(2)　費用の事前説明

　第三者委員会は、企業等に対して、その任務を完遂するためには相応の人数の専門家が相当程度の時間を費やす調査が必要であり、それに応じた費用が発生することを、事前に説明しなければならない（指針第6.2．第2文）。

　第三者委員会による調査は、大掛かりな事案となると多くの調査担当弁護士を投入することになり、その結果、実働に対して一定程度のタイムチャージが積み上がっていくことは不可避である。したがって、第三者委員会は企業等に対して実働に応じた相当額の費用がかかることを事前に説明することが必要である。ガバナンスや組織風土にまで踏み込んだ徹底的な調査を実施したうえでステークホルダーへの説明責任を果たすために十分で説得力のある調査結果を提出するのに要した弁護士報酬は、むしろステークホルダーによる第三者委員会の調査結果に対する信頼性を高めることにもつながるであろう。

3. 辞　任

関連するガイドラインの条項

指　針
第6．そ　の　他
3．辞　　任
　委員は、第三者委員会に求められる任務を全うできない状況に至った場合、辞任することができる。

　委員は、第三者委員会に求められる任務を全うできない状況に至った場合、辞任することができる（指針第6.3.）。

　企業等から独立した委員による徹底した事実調査など、ステークホルダーから要請・期待されている第三者委員会の本来の任務を遂行できない場合、そのような状況で調査を継続することは、調査結果の信用性にとどまらず、第三者委員会の制度自体への信頼性をかえって失墜させる。

　そこで委員は、たとえば、①企業等からの調査協力が得られず、必要な調査が行えない場合、②証拠隠滅など、企業等による第三者委員会の調査を妨害する事象が発生し、それが回復不可能な場合、③委員自身や調査担当弁護士などに企業等からの独立性に問題または疑義がある状況が判明した場合、その他、第三者委員会に求められる本来の任務を遂行することが不可能または著しく困難な状況が生じた場合には、辞任することをためらってはならない。

　ただし、委員としては、ステークホルダーからの期待を踏まえれ

ば、ただちに辞任するのではなく、状況が改善可能であり、かつステークホルダーの目線からも調査継続が妥当な場合には、できる限り改善を試みるべきである。

また、辞任した場合には、その旨を直ちに対外的に開示できることを企業等と取り交わす文書で定めておくことが望ましい。

4．文　書　化

関連するガイドラインの条項

指　　針
第6．そ　の　他
4．文　書　化
　第三者委員会は、第三者委員会の設置にあたって、企業等との間で、本ガイドラインに沿った事項を確認する文書を取り交わすものとする。

第三者委員会は、第三者委員会の設置にあたって、企業等との間で、本ガイドラインに沿った事項を確認する文書を取り交わすものとする（指針第6．4．）。

本ガイドライン自体は弁護士を名宛人としたものであり、企業等にこれに沿った対応を直接求めるものではない。また、第三者委員会の活動は法的な強制力をもつものではないことから、ガイドラインの内容に拘束力を持たせるためには第三者委員会と企業等との間での合意が必要である。そこで、第三者委員会の設置に際しては、第三者委員会と企業等との間で本ガイドラインに沿った調査が行わ

れることを定める文書を取り交わすことが必要となってくる。

　また、企業等が、第三者委員会の設置を対外公表する時点で、本ガイドラインに沿った調査が行われることをアナウンスすることが望ましい。

　加えて、企業等との文書の取り交わしが形だけのものとならないよう、委員は、その就任に際して、経営者と直接面談し、本ガイドラインの説明とこれに則った調査の実施、それに対する企業等の全面的な協力について経営者自身の意思を確認しておくことが必要である。

第 5 章

第三者委員会と内部調査(内部調査委員会)

> 関連するガイドラインの条項
>
> 指　　針
> 第6．その他
> 5．本ガイドラインの性質
> 　本ガイドラインは、第三者委員会の目的を達成するために必要と考えられる事項について、現時点におけるベスト・プラクティスを示したものであり、日本弁護士連合会の会員を拘束するものではない。
> 　なお、本ガイドラインの全部又は一部が、適宜、内部調査委員会に準用されることも期待される。

「企業等不祥事における第三者委員会ガイドライン」の解説

1．危機管理対応と企業の社会的責任

　企業等において不祥事が発生した場合、企業等及びその顧問弁護士らは、その不祥事にどう対処するかという視点から様々な対応を行う。この対応は「危機管理対応」と呼ばれることがある。これに対して、株主、投資家、一般消費者、取引先をはじめとするステークホルダーは、企業等において不祥事が発生した場合の企業の取組みを、「企業の社会的責任（CSR）」が果たされているかという観点で見守り、その評価をする。
　「危機管理対応」と「企業の社会的責任」は、共通する部分も少なくないが、必ずしも同じものではない。危機管理対応は、企業の社会的責任とは異なる観点からの対応であるため、例えば、結果的に企業等において発生した不祥事を公表しないという判断をし、企業の社会的責任に繋がらない結論に至ることもあり得るし、さらに言えば、企業等が危機管理対応の名の下に、企業の社会的責任に反する行動に出ることも想定される。
　企業等において不祥事が発生した場合に、企業等が危機管理対応として内部調査を実施することもあれば、本ガイドラインに依拠した第三者委員会を設置することもある。重要なことは、内部調査と第三者委員会の違いを十分に理解し、それを適切に使い分けることである。本ガイドラインは、企業等に不祥事が発生した場合に、「企業の社会的責任」を十二分に果たすために設置する第三者委員会のガイドラインを定めたものである。しかしながら、事案によっては、本ガイドラインに依拠した第三者委員会を設置するまでの必要がな

いものもある。

　そこで以下では、まず、内部調査について整理した上で、実際の不祥事事案において、内部調査と第三者委員会のどちらを選択すべきかについて整理することとする。

２．危機管理対応の基本となる事実調査

(1)　企業等の不祥事における危機管理対応

　企業等において不祥事が発生した場合の危機管理対応の内容は様々であり、事案によっても異なると思われるが
① 　事実調査
② 　原因の解明と再発防止策の策定
③ 　責任ある者に対する責任追及
④ 　関係する外部の者への対応
⑤ 　公表と情報開示
などが挙げられる。

　①は、企業等において発生した不祥事の内容、程度、関与者とその責任の範囲などを解明し、証拠に基づいてその事実を認定することである。

　②は、①の事実調査を前提とし、不祥事が発生した原因を解明し、その原因を踏まえた再発防止策を策定することである。

　③は、企業等において発生した不祥事について、誰にどのような責任があるかを確定し、その責任を問うことを意味する。責任の内容としては、不祥事に関与した者に対する行為責任と、不祥事の発

生を防止できなかった者に対する管理責任・経営責任がある。責任追及の方法としては、企業等の内規に基づく懲戒処分、損害賠償請求等を中心とする民事上の責任追及、告訴・告発による刑事上の責任追及がある。

　④は、企業等が、不祥事に関係する外部の者に対して、必要な対応を取ることである。外部の者の例としては、不祥事によって直接損害を与えた顧客・取引先・一般消費者、その企業等に融資しあるいは融資を予定している金融機関、その企業等に投資しあるいは投資する可能性のある株主・一般投資家などが挙げられる。企業等には、不祥事の内容や程度によって、これら外部の者に対する適切な対応が求められる。適切な対応を怠れば、企業等は、これら外部の者から見離され、場合によっては存続の危機に瀕することにもなりかねないからである。

　⑤は、④とも関連するが、不祥事について公表し、必要な情報を社会に向けて開示することである。マスコミ対応もこの分野に属する。あらゆる不祥事について公表や情報開示が必要なわけではないし、公表や情報開示の内容や程度も、事案によって様々である。しかし、必要な公表や情報開示を怠ることは、不祥事の実態がいずれその企業等以外の者の手によって白日の下に晒されたときに、その企業等の隠蔽体質を露呈することに繋がり、不祥事に対するレピュテーションダメージに、事実を隠したことに対するレピュテーションダメージも加わるので、事態はより深刻化することになる。つまり、公表と情報開示は、危機管理対応の中では、非常に重要な要素と言える。

第5章　第三者委員会と内部調査（内部調査委員会）

(2)　危機管理対応における事実調査の位置付け

　これらの危機管理対応は、それぞれ相互に密接な関係があるが、その出発点は、①の事実調査である。企業等が、発生した不祥事について、その内容、程度等を的確に把握しない限り、上記②～⑤について適切に対処することもできないからである。その意味で、①の事実調査は、危機管理対応の基本である。

　企業等に不祥事が発生した場合、従来、この事実調査は、内部調査によることが一般的であった。そして、このことは、本ガイドラインが策定された現在においても、何ら否定されるべきことではないであろう。しかしながら、本ガイドラインによって、企業等において不祥事が発生した場合に、事実調査を実施し、事実認定を行い、これを評価して原因を分析することが、第三者委員会の任務として定義されているので（ガイドライン第１部第１.１. 参照）、その任務や目的において重なり合う内部調査を、どういう位置付け・性質のものとして理解するかは、一つの大きなテーマであろう。

(3)　事実調査が必要となる不祥事の態様の整理

　まずは、事実調査が必要となる不祥事の態様について整理しておきたい。

　企業等に発生する不祥事には、様々なものがある。ここでは、いくつかのカテゴリーに分けて整理をしてみたい。

【第１のカテゴリー】

　第１は、役職員が、企業等の業務に関連して行った個人的な犯罪行為である。典型的には、インサイダー取引、役職員が企業等

に財産的な被害を与える犯罪（窃盗、使い込みなど）、役職員が外部に財産的な被害を与える犯罪（水増し請求など）がある。役職員によるインサイダー取引は、本来は企業等の業務とは無関係に行われるものであるが、役職員が、その企業等の業務を遂行する上で取得した未公開の情報をインサイダー情報として利用した場合は、その企業等は、情報管理体制や役職員に対する株取引規制の問題を問われることになりかねないので、下記の第3のカテゴリーに分類するよりは、第1のカテゴリーに分類した方が良いと思われる。

【第2のカテゴリー】

　第2は、役職員が、企業等の業務に関連して行った不適切な行為である。第1のように明確な犯罪行為と認定できないことが特徴で、例えば、セクハラやパワハラ、社内規定に違反する行為（株取引の届出義務違反、兼業禁止義務違反など）、社外秘の情報の漏洩・持ち出しなどがある。内部通報制度によって通報された不祥事事案について、内部調査の一環として事実調査を開始する必要がある場合なども、この第2のカテゴリーに属することが多い。

【第3のカテゴリー】

　第3は、役職員が、企業等の業務に無関係に行った犯罪行為である。典型的な例としては、痴漢等の性犯罪、飲酒による暴行・傷害・器物損壊・公務執行妨害事件、万引き、飲酒運転や無免許運転などである。これらは、警察沙汰になって初めて企業等が不祥事の事実を知ることも多いので、内部調査すら実施されないことも多いが、これらの事実を根拠としてその役職員を処分する場合や、役職員が企業等の幹部である場合は、最低限の事実を企業

第5章 第三者委員会と内部調査（内部調査委員会）

等として把握するため、内部調査の一環として事実調査が必要になることもある。

【第4のカテゴリー】

　第4は、企業等が組織的に行った不祥事である。この中には、不正融資、粉飾決算などの「金融不祥事」[1]、製品やサービスに関する偽装・不具合・事故隠しなどの「消費者関連不祥事」、カルテルや談合などの「独占禁止法違反不祥事」、贈収賄などの「汚職型不祥事」などがある。企業等の幹部の判断がなければ、行うことが類型的に困難と考えられる不祥事がこのカテゴリーに属する。

　以上のような不祥事については、いずれも内部調査の対象となり得るが、第3のカテゴリーの不祥事は、企業等の業務と関連しない不祥事なだけに、内部調査の対象としては例外的なものと言えるであろう。

　第1および第2のカテゴリーの不祥事は、内部調査の対象となることに異論はないであろうが、企業等の内部の者の手による内部調査で十分な事案もあれば、外部の有識者の手を借りた内部調査が必要な事案まで、様々なバリエーションがあり得る。また、事案によっては、本ガイドラインによる第三者委員会の設置が必要となる事案もあり得るであろう。一方、第4のカテゴリーの不祥事は、今後、内部調査と第三者委員会との棲み分けをしていく必要のあるものだ

---

[1] 　企業等が違反者になるインサイダー取引も、金融不祥事の一例だと思われる。また第1のカテゴリーに分類した役職員による個人的なインサイダー取引も、企業等の情報管理体制や役職員に対する株取引規制の問題を問われるという意味で、金融不祥事の一例として分類する考え方もあるであろう。

と思われる。詳しくは4で述べることとしたい。

(4) 内部調査の主催者

　内部調査の主催者は、企業等自身である。

　内部調査は、その企業等の責任において実施し、調査結果の内容、調査結果の記録の残し方、公表の要否、調査結果の活用の在り方を含め、企業等がすべての決定権を有することになる。

　ただし、企業等が内部調査を行うにあたって、外部の有識者に助言を求めたり、弁護士を内部調査チームに入れて実際の調査に従事させたり、内部調査の一部を外部に委託することはあり得るし、企業等が自らの中で発生した不祥事を自らの手で解明することの難しさを考えれば、内部調査を企業等の内部の者だけで実施することに固執する必要はなく、むしろ、外部のノウハウを積極的に取り入れて内部調査を実施することの方が一般的となりつつある。これは、内部調査の手法の問題であって、内部調査の本質を変えるものではない。内部調査の主催者は、あくまでも企業等自身である。

　また、内部調査に弁護士をはじめとする外部の有識者を関与させることで、客観性や中立性を担保しようとする効果も期待できる。内部調査は、企業等が自らの中で発生した不祥事を自らの手で解明する手続なだけに、ときには、真相の解明を犠牲にしてでも、企業等の論理が優先してしまうこともある。内部調査は、このような性質を先天的に有してしまっているため、問題となっている不祥事が会社ぐるみ・組織ぐるみで行われた場合や、企業等の幹部がその不祥事に関与している場合は、自らの不正を自らの手で暴くという構図がより明確に現れることになり、その結果、このような状況下で

第5章 第三者委員会と内部調査（内部調査委員会）

内部調査を続けても、その調査結果は、客観性や中立性に疑問が投げかけられ、信頼性を確保できないというリスクがあるのである。極端な例では、内部調査という名の下に、不祥事の隠蔽や証拠の隠滅が行われることもある。そこで、内部調査に、弁護士をはじめとする外部の有識者を関与させることで、客観性や中立性を担保しようとする工夫がなされるのである。

しかしながら、外部の弁護士を関与させることで内部調査に客観性や中立性を担保するとしても、その効果には一定の限界がある。それは、内部調査の主催者が企業等であるという本質から来る限界だと言えよう。

3．内部調査と第三者委員会との区別

(1) 内部調査と第三者委員会の相違点の整理

以上を踏まえると、内部調査と第三者委員会は、企業等が不祥事に直面したときに、不祥事の内容、程度、関与者とその責任の程度などを解明し、証拠に基づいてその事実を認定するという「目的」、そして企業等が、不祥事への的確な対処を通じて失われた社会的信頼を回復し、再出発の第一歩を踏み出すという最終的な「目的」は、ほぼ共通と考えてよいであろう。

内部調査と第三者委員会が根本的に違うのは、その主催者である。企業等の不祥事について、事実調査を企業等が自らの手で行うのが内部調査であり、それを完全に外部の第三者に委ねるのが第三者委員会である。言い換えれば、内部調査と第三者委員会は、目的は共

通であるが、その目的達成のための手段が異なるということになる。

　不祥事に直面した企業等が、危機管理対応の一環として内部調査を実施し、真相の解明を行い、それに基づいて原因の解明と再発防止策を打ち出し、責任のある関係者を処分したとしても、その内部調査の結果が信頼に足るものでなければ、いつまでたっても危機管理対応は終了しない。内部調査の結果が社会的に信用されない場合とは、内部調査の客観性や中立性に疑問がある場合である。外部の弁護士を内部調査に関与させても、客観性や中立性の疑問が払拭されない事案も存在する。

　第三者委員会は、このような事案に対処するために、企業等から独立した調査組織とすることで、調査プロセスや調査結果の客観性や中立性を完全に確保し、調査結果の信頼性を担保しようとするものだと理解すれば、本ガイドラインの個々の内容はより理解しやすいものとなるであろう。また、第三者委員会は、内部調査では企業の社会的責任を果たすことができない場合や、どう頑張っても企業の社会的責任を果たしたとは評価されない場合に設置されることが期待されるものである。そして本ガイドラインは、このような位置付けにある第三者委員会の役割と機能を担保するための基準を定めたものと理解していただくとよい。

(2) 中　間　型

　それでは、本ガイドラインには必ずしも依拠しないものの、不祥事に直面した企業等が、弁護士等の外部の有識者のみで組織する委員会を設置して調査を委託し、事実調査、原因の解明と再発防止策の提言を行わせる場合、この委員会は、どのようなものと理解すべ

第5章 第三者委員会と内部調査（内部調査委員会）

きであろうか。便宜上、このような委員会を第三者委員会と区別して、本ガイドラインの前文で使用した「内部調査委員会」という名称で呼ぶこととする[2]。

実際、このような内部調査委員会は、これまでにも数多く設置されてきたし、その一部は「第三者委員会」という名称を使用していた。また、今後もこのような内部調査委員会が設置され、「第三者委員会」と呼称されることも想定される。

本ガイドラインは、強硬法規ではないし、あくまでも日本弁護士連合会が、所属する弁護士やこれを利用する企業等に対して示した指針に過ぎないので、企業等はもとより、日本弁護士連合会の会員を拘束するものではない。これが、本ガイドライン「第6．その他 5．本ガイドラインの性質」の項に述べられている。したがって、本ガイドラインは、このような内部調査委員会を否定するものではなく、むしろ、内部調査委員会の社内的使命を評価しているところである。実際上、不祥事の内容によっては、このような内部調査委員会が十分な機能を発揮し、期待通りの成果を挙げることも少なくない。

しかし、本ガイドラインに依拠していないことは、その内部調査委員会が自ら明確にすべきであるし、無用な混乱を招かないためにも、今後は「第三者委員会」という名称は意識的に使用しないことが望まれる。

あるいは本ガイドラインに依拠していないことが、その内部調査

---

[2] このような委員会は、外部の有識者によって構成されるという意味で、「外部調査委員会」と呼ばれることもあるほか、「特別調査委員会」「独立調査委員会」など、その呼称は様々であるが、ここでは、本ガイドラインに依拠した第三者委員会とは区別すべき委員会の総称として、「内部調査委員会」という名称を使うこととする。

委員会の客観性や中立性を否定するかのような印象を与えてしまう可能性もあるが、その点は、今後の実務の集積と社会の評価に委ねるしかないと思われる。4によって整理を試みるように、必ずしも企業等に発生したすべての不祥事に、本ガイドラインに依拠した第三者委員会を設置する必要はないであろう。一方で、本ガイドラインに依拠した第三者委員会を設置すべきことが明白な不祥事もある。その区別を明確に意識し、第三者委員会とそれ以外のものをうまく使い分けることが重要である。

　以上整理してきたように、内部調査委員会は、純粋な内部調査と第三者委員会の中間型の3つ目の類型と整理するよりは、内部調査の派生型であり内部調査の一形態と整理した方が、本ガイドラインを理解する上ではより適切であろう。

4．内部調査か第三者委員会か

　それでは、企業等が不祥事に直面したときに、第三者委員会を設置すべきか、派生型を含む内部調査で問題ないかについて、どのような基準で判断すべきであろうか。本ガイドラインは、その基準について示していないし、現時点で明確な基準を策定することは適切ではないかもしれない。企業等の危機管理対応の在り方は絶えず変化しているし、その評価も様々であろう。したがって、今後実務を積み重ねていく中で、徐々に基準ができあがっていくことが期待される。

　ただ、このような前提に立った上で、現時点で内部調査と第三者委員会のどちらを選択すべきかについて、ある程度の整理を試みて

第5章　第三者委員会と内部調査（内部調査委員会）

みたい。

(1)　初　動　調　査

　企業等が、不祥事の存在を認識するきっかけは様々である。内部通報や社内の定期監査など、企業等の内部からの情報で認識する場合もあれば、取引先や顧客からの通報など、外部からの情報で認識する場合もある。あるいは、捜査機関や行政官庁など当局の捜査や調査を受けたこと、さらにはマスコミ報道により、初めて不祥事について認識する場合もあるであろう。

　このように、企業等が不祥事の存在、あるいはその疑いについて認識した初期段階では、事実関係が不明確なことが多い。一体何が問題となっているのか、いつごろの出来事が問題となっているのか、関係する部署はどこか、関係する役職員は誰か、問題となる法令は何か、そもそもその情報が正確な事実なのか、単なる誹謗や中傷に過ぎないのかなど、企業等として早急に確かめるべき事項はたくさんある。

　このように、企業等が不祥事を最初に認識したときにまずすべきことは、状況把握であろう。この状況把握のための調査を、ここでは便宜上「初動調査」と呼ぶことにする。これに対して、初動調査の後に引き続き行われる調査を、ここでは便宜上「本格的調査」と呼ぶことにする。初動調査は、その性質上スピードが求められるし、その目的は、状況を把握した上で、今後の対応を決めることにあるので、内部調査の手法によることになるであろう。この初動調査の時点で、いきなり第三者委員会を設置することは、まず考えられない。初動調査を行うことで、企業等が直面している不祥事の概要を

「企業等不祥事における第三者委員会ガイドライン」の解説

把握した上でなければ、第三者委員会を設置すべき事案であるのか、内部調査あるいはその派生型で目的を達成できるのかを判断することもできないからである。

なお、この初動調査の段階で、内部調査チームに外部の弁護士を関与させるという手法は、当然あり得る。むしろ、外部の弁護士が初動調査を主導して、散逸しがちな証拠を早期に確保・保全し、事実関係を整理した上で、本格的調査に移行する方がより効果的ではなかろうか。そして、この初動調査の結果を受けて、本格的調査において第三者委員会を設置するか、内部調査あるいはその派生型を選択するかを決めるのが適切である。

本ガイドラインが策定されるまでは、この初動調査と本格的調査の区別を必ずしも明確にしないまま、不祥事対応としての調査が実施されてきた事案もあったように思われる。しかし、今後は、初動調査と本格的調査は、意識的に区別することが望ましい。初動調査の主たる目的は、①企業等が直面している不祥事の概要を把握し、今後の方針を決めること、②早期に確保すべき証拠、特に隠滅される可能性のある証拠を確保することの２点と考えておくべきであろう。

そこで、以下では、初動調査の二つの主たる目的について、簡単に述べておきたい。

まず、事実関係の徹底的な解明は、初動調査ではなく、その後に実施される本格的調査に委ねるべきである。初動調査は、不祥事の概要を把握することにより本格的調査においてどのような手法を採るべきかを判断する材料が集まれば、その目的を達したことになる

ので、以後は、早期に本格的調査に移行するべきであろう。初動調査の結果、どの程度その企業にとってインパクトのある不祥事なのか、公表や情報開示が避けられない不祥事なのか、不祥事の内容について関心を持つ外部の者が特定の関係者に限られるのか、あるいは一般投資家や一般顧客等の不特定多数の者に及ぶのかなどを判断し、本格的調査を第三者委員会にすべきか、内部調査あるいはその派生型の内部調査委員会にすべきかを決めることになろう。

次に、企業等が初動調査を開始した時点では、重要な証拠が存在していることが多い。しかし、不祥事に関与していた者は、企業等による調査が開始されたことを知れば、自らの責任を回避するため、証拠の隠滅や関係者同士の口裏合わせに走る。第三者委員会が設置されたころには、証拠の隠滅や口裏合わせは大方終了していることも多い。そうなってから第三者委員会が調査を開始しても、重要な証拠が収集できず、あるいは関係者の抵抗に遭って、調査が思うように進まないこともある。そこで、初動調査のもう1つの重要な役割は、隠滅される可能性のある証拠を確保し保全しておくことである。関係者のメールやサーバに保存されているデータ類をコピーして確保したり、削除できないようにすることが考えられる。企業等によっては、サーバの負荷を軽減するために、メールのデータは数ヶ月経過すると自動的に削除される設定にしているところもあるが、その設定を一時的に解除することも必要であろう。

(2) 内部調査による調査結果に対して、客観性や中立性に疑問を投げかけられるおそれが少ない事案

初動調査の結果、不祥事の内容から考えて、調査結果に対して将

来的に客観性や中立性に疑問が投げかけられるおそれが少ない事案の場合は、必ずしも第三者委員会を設置する必要はなく、内部調査あるいはその派生型の内部調査委員会によって本格的調査を実施することで問題はないと思われる。

ただ、これも事案ごとに判断する必要があるので、以下ではいくつか具体例を挙げて検討してみたい。

① 横領行為の場合

不祥事の内容が、役職員による企業等の資金の横領行為である場合など、典型的な第1のカテゴリーの事案である場合、その影響は企業等の内部で完結していることになるので、外部の者がこの不祥事に関心を持つ可能性は少ないと思われる。このような場合、内部調査で事実調査を実施し、原因の解明と再発防止策を考え、不祥事を行った役職員に対する懲戒処分、民事刑事の責任追及のほか、上司等の関係者に対する監督責任を問えば十分であるし、内部調査の結果に対して、客観性や中立性に疑義が生じるおそれは少ないと思われる。

これに対して、横領の金額が多額で、その企業等の財政基盤に与えるインパクトが大きいような場合は、その企業等の株主や一般投資家は、この不祥事に関心を持つ可能性がある。またそのような多額の横領行為を防止できず、長時間発見できなかったことについて、取締役の善管注意義務違反が問題になることが予想される場合もある。このような不祥事の事実調査を内部調査で続けることは、将来的に見れば、取締役に責任が及ばないようにするための内部調査であったと評価され、客観性や中立性に疑問が投げかけられるリスク

があると言える。そのような場合は、内部調査の派生型としての内部調査委員会を設置して、客観性や中立性を確保する工夫をする必要があるし、極端な事案であれば、第三者委員会の設置を検討する必要もある。

② 架空循環取引の場合

　企業等の一部の役職員が関与し、外部の複数の会社との間で架空循環取引を行っていた事案の場合は、その影響は企業等の内部では完結せず、その企業等（自社）のみならず外部の会社（他社）にも損害を与えている可能性がある。架空循環取引が、一部の役職員の個人的な行為である場合は第1のカテゴリーの事案ということになるが、会社ぐるみで行っていた場合は、第4のカテゴリーの事案ということになる。また、その影響の範囲についても慎重に見定める必要がある。架空循環取引に関与していた他社がある程度特定され、影響の範囲も限定的である場合もあれば、損害を与えた他社の数やその金額が甚大で、他社のステークホルダーに与えるインパクトが大きい場合もある。また、自社の役職員が、架空循環取引で果たした役割によっても、自社が他社に与えた影響の範囲や程度が異なってくると思われる。

　このような架空循環取引の場合は、第1のカテゴリーの事案であれば、内部調査あるいはその派生型の内部調査委員会を設置することが多いと思われるが、第4のカテゴリーの事案である場合や、他社に与える影響が甚大な場合は、第三者委員会の設置が必要となる場合もあるであろう。

③ 製品に関する不正の場合

　企業等が出荷する製品について、一部の役職員が、労力や時間を節約するために必要な工程を省略して製造し、これを出荷していた場合、その影響は企業等の外部に及んでいることになる。この不祥事の原因が、一部の役職員の利己的な判断に基づいており、組織的な関与が認められないような場合は、第1または第2のカテゴリーの事案として内部調査の派生型としての内部調査委員会を設置して、調査結果に客観性と中立性を確保する工夫をした上で、事実調査を実施し、原因の解明と再発防止策を検討し、関係者に対する必要な処分をすることで基本的に問題ないように思われる。

　これに対して、そのような工程の省略が、組織的かつ長期的に行われていたような場合、つまり第4のカテゴリーに属する事案の場合は、その企業等に根ざす製造管理や品質保証の在り方、コンプライアンスを中心とする社員教育、社員の気質や企業等の風土に至るまで、問題点を洗い直し、徹底した原因分析をした上でなければ効果的な再発防止策は構築できないことになる。また当然のことながら、取締役の善管注意義務違反も問題となるであろう。したがって、このような不祥事を内部調査の派生型としての内部調査委員会によって対処することで、客観性や中立性が確保できるかについては、慎重に判断すべきであって、第三者委員会を設置すべき事案も多いのではないかと思われる。

　このような製品に関する不正の場合は、初動調査によって、一部の役職員のみが関与した事案であるのか、組織的な関与が疑われる事案であるのかを見抜き、それによって、本格的調査の手法として何を選択するかを決定すべきであると思われる。

第5章　第三者委員会と内部調査（内部調査委員会）

(3) 類型的に第三者委員会の設置を検討すべき事案

　これに対して、類型的に第三者委員会を設置すべきと考えられる不祥事事案もある。いずれも第4のカテゴリーに属する事案であるが、いくつか具体案を挙げて検討してみたい。

① 有価証券報告書等の開示書類に関する不祥事の場合
　粉飾決算を中心とする有価証券報告書等の開示書類の虚偽記載の事案では、証券取引等監視委員会が、企業等に対する調査を開始することによって、その企業等がこの不祥事を把握することになるのが一般的である。事案にもよるであろうが、企業等は、証券取引等監視委員会が調査において問題視している開示書類の記載内容の是非について、反論や「見解の相違」を主張したい場合も多いであろう。そのために顧問弁護士や監査意見を出した監査法人に依頼して理論武装したり、あるいは外部の弁護士や公認会計士などに意見書の作成を依頼することもあり得るであろう。この過程で、内部調査あるいは、その派生型である内部調査委員会を設置して、一定の事実調査を行う事案もこれまでよく見受けられた。
　しかしながら、開示書類に関する不祥事に対する証券取引等監視委員会や証券取引所の目は、近年非常に厳しくなっている。日本弁護士連合会が本ガイドラインを策定するきっかけとなったのは、開示書類に関する不祥事で、企業等が設置した「第三者委員会的なもの」が、企業等から独立性を確保して調査を実施することができなかったために、公表された調査報告書の客観性や中立性が疑問視され、批判の対象となったことにある。

「企業等不祥事における第三者委員会ガイドライン」の解説

　開示書類に関して証券取引等監視委員会の調査の対象となった企業等は、上記のように防御的になる傾向にあるため、外部の有識者によって組織した調査委員会であっても、それが本ガイドラインによらず、内部調査委員会の域を出ないものであれば、証券取引等監視委員会や証券取引所は、企業等の防御のための活動の一環としか評価しないであろう。

　もとより、このような企業等の防御活動は、企業等の立場においては、当然認められるべき権利であり、これを否定することは適切ではない。しかし、ここで注意しておきたいのは、これを「第三者委員会」と称して、中立的・客観的な立場の第三者による調査を受けたので、その調査結果は文句の付けようのない信頼性を有するものだと主張してみても無理があるということである。この調査結果は、あくまでも企業等の立場を代弁した見解や主張に過ぎず、証券取引等監視委員会、証券取引所、ひいては株主や一般投資家や一般国民に至るまで、その調査結果を信用するとは限らないのである。

　今後、証券取引等監視委員会や証券取引所は、開示書類に関する不祥事に関連して、企業等が外部の専門家による調査委員会を設置するのであれば、本ガイドラインに依拠した第三者委員会を設置するよう示唆するのではないかと思われる。本ガイドラインは、その策定過程で、証券取引等監視委員会や東京証券取引所の意見を詳細に聴取しており、また本ガイドラインの内容は、証券取引等監視委員会や東京証券取引所から評価も受けていることからすれば、証券取引等監視委員会や証券取引所の方から、本ガイドラインに依拠した第三者委員会の設置を企業等に求めることもあるかもしれない。もちろん、本ガイドラインに依拠した第三者委員会を設置するかど

第5章　第三者委員会と内部調査（内部調査委員会）

うかは、企業等の決断に委ねられることになるであろうが、上記のように企業等の防御のための調査委員会を設置するのであれば、それは「第三者委員会」ではないことを明確にすべきであるし、本ガイドラインに依拠した第三者委員会を設置するのであれば、それは、すべてのステークホルダーのための第三者委員会になるのであって、その調査結果は、必ずしも企業等を防御する内容になるとは限らないことを、予め理解しておく必要があるであろう。

② 企業等の取締役が関与する不正融資の場合

　不祥事の内容が、企業等がある会社に多額の融資や出資を行ったものの、それが回収不能に陥り、よくよく調べてみると、その融資先又は出資先が、企業等の特定の取締役の親族が経営するペーパーカンパニーであるなど、その取締役が特別背任罪に問われたり、他の取締役の善管注意義務違反が問題となるような事案について検討してみたい。

　企業等の取締役が関与する不祥事は、複数の取締役が会社ぐるみで不祥事に手を染めているケースのほか、ワンマン経営の会社で誰も社長の意思決定に異を唱えられないケース、取締役の相互監視義務が全く機能していないケースなど、企業等のガバナンスや統治システムにかなり問題のあることが想定される。

　このような不祥事に、内部調査やその派生型の内部調査委員会で対処しようとしても、その事実調査は、取締役の責任逃れや事実の隠蔽に向かうことが容易に想像できるので、危機管理対応としては必ずしも適切ではない。外部の有識者による調査委員会を設置するのであれば、企業等から独立し、客観性・中立性を確保した本ガイ

「企業等不祥事における第三者委員会ガイドライン」の解説

ドラインに依拠した第三者委員会によるのでなければ、その目的を達成することは困難なのではないかと思われる。

③　インサイダー取引の場合

　役職員によるインサイダー取引が不祥事の内容である場合は、少し検討を要する。役職員によるインサイダー取引は、通常は、その役職員による個人的な犯罪行為である上、その事実を企業等が認識するきっかけは、証券取引等監視委員会が、その役職員に対する調査を開始し、あるいは一定の処分をしたときである。したがって、企業等は、その役職員のインサイダー取引そのものを調査の対象として危機管理対応をする必要性は、さほど高くないと思われる。

　しかしながら、役職員が、その企業等の業務の過程で知るに至った未公開の情報を利用してインサイダー取引を行った場合は、役職員による個人的な犯罪行為だとしても、企業等がその不祥事に対して無関心でいることは許されないであろう。それは、ＮＨＫの職員によるインサイダー取引事件でも明らかなように、企業等の情報管理体制、役職員に対する株取引規制、コンプライアンスを中心とした役職員に対する教育等が十分であったかなど、企業等は、役職員によるインサイダー取引を未然に防止するための努力を怠っていなかったかが問われるからである。

　このような不祥事事案において、調査の対象は、企業等の情報管理体制、役職員に対する株取引規制の整備の有無、運用の適否に加え、ほかにインサイダー取引を行った役職員はいないかという点にも及ぶことになる。この調査は、全役職員を対象とするものであるだけに、内部調査という手法では客観性や中立性を担保できないこ

とになるので、本ガイドラインに依拠した第三者委員会を設置する必要のある事案が多いと思われる。

(4) 第三者委員会設置の難しさ

　上記(3)で挙げた具体例を見ていくと、このような事案において、企業等が本ガイドラインに依拠した第三者委員会の設置を決断することが、必ずしも容易ではないことがわかる。第三者委員会は、企業等から独立し、客観性と中立性を保証しながら、一旦調査スコープを決定したら、調査手法の決定、事実認定、原因分析や評価、調査報告書の起案権等が、すべて第三者委員会の手に委ねられ、企業等は、これに対して口出しすることが許されないことになる。

　第三者委員会の設置を決断するのは、実質的にはその企業等のトップを含めた幹部である。しかし、第三者委員会が調査の対象とする不祥事に、企業等の幹部の関与が疑われ、あるいは幹部の善管注意義務違反が問われる可能性がある場合は、幹部は、自らの責任が追及されるリスクを承知の上で、第三者委員会の設置を決断する必要に迫られることになる。自己の責任の重さを一番よく理解している幹部は、第三者委員会の設置に反対し、その一方で、罪証隠滅や関係者の口裏合わせに動くことも容易に想像できる。

　実務的には、ここに第三者委員会設置の難しさがあると感じる。したがって、不祥事に関与していない役員、特に社外取締役や（社外）監査役に期待される役割は大きいと思われる。また、外部の弁護士が、第三者委員会の設置を強くアドバイスすることも不可欠であろう。そして、関与が疑われる幹部を意思決定から排除し、あるいは辞任や解任を果たした上で、ようやく第三者委員会の設置が実

現する事案も多いのではないかと思われる。

　この点については、今後、第三者委員会設置のための何らかのメカニズムが必要になってくると感じるが、現時点では、将来の実務の集積と関係者の創意工夫に委ねるしかないであろう。

5．弁護士として期待される役割

　最後に、内部調査と第三者委員会に関して、弁護士に期待される役割について、整理しておきたい。

(1)　内部調査でよいか第三者委員会にすべきかのチェック

　すでに述べたように、企業等が不祥事を認識した場合、まずは初動調査を内部調査によって開始することになる。この初動調査に関与した弁護士は、初動調査の目的をしっかり意識して、どのタイミングで本格的調査に移行すべきか、本格的調査は、内部調査あるいはその派生型の内部調査委員会でいいのか、本ガイドラインに依拠した第三者委員会にすべきなのかを判断し、企業等に対して的確なアドバイスをすべきである。特に、企業等の幹部は、的確なアドバイスをする者がいなければ、第三者委員会の設置という発想に至らず、あるいはその決断に躊躇することも考えられる。

　なお、本ガイドラインでは、企業等の顧問弁護士は、第三者委員会の委員に就任することができないとされているので、初動調査に関与する弁護士がその企業等の顧問弁護士である場合、第三者委員会の設置をアドバイスして、自らその仕事から手を引くという判断をすることはなかなか難しいのかもしれない。しかし、顧問弁護士

第5章　第三者委員会と内部調査（内部調査委員会）

が第三者委員会の委員に就任できないとしても、顧問弁護士の立場から、引き続き企業等に必要なアドバイスをすることはあり得るのであって、弁護士はその職業倫理や社会的使命を忘れずに、真に企業等のためにアドバイスすることを心がけるべきである。

(2)　内部調査にすると判断した場合の客観性、中立性確保のための工夫

本格的調査を、内部調査あるいはその派生型の内部調査委員会で進めることとした場合でも、本ガイドラインの精神は生かされるべきであり、必要に応じてその全部又は一部が準用されるべきである。このことは、本ガイドライン「第6．その他．5．本ガイドラインの性質」の項に述べられている。

例えば、内部調査委員会のメンバーには、できる限り企業等と利害関係のない有識者を人選し、客観性や中立性を担保する工夫をすることが必要である。

また、内部調査の性質上、企業等がその主催者として調査経過を把握し、最終的な調査結果にも責任を持つことになるが、調査の対象となっている不祥事に関係した者はもちろん、その疑いのある者に対しては、内部調査に関する情報を完全に遮断し、内部調査を進めている者に対して、不当な圧力がかからないようにし、そのことを明確に立証できるようにしておくことも重要である。

〈資　　料〉

「企業等不祥事における第三者委員会ガイドライン」の策定にあたって

2010年7月15日
改訂　2010年12月17日
日本弁護士連合会

　企業や官公庁、地方自治体、独立行政法人あるいは大学、病院等の法人組織（以下、「企業等」という）において、犯罪行為、法令違反、社会的非難を招くような不正・不適切な行為等（以下、「不祥事」という）が発生した場合、当該企業等の経営者ないし代表者（以下、「経営者等」という）は、担当役員や従業員等に対し内々の調査を命ずるのが、かつては一般的だった。しかし、こうした経営者等自身による、経営者等のための内部調査では、調査の客観性への疑念を払拭できないため、不祥事によって失墜してしまった社会的信頼を回復することは到底できない。そのため、最近では、外部者を交えた委員会を設けて調査を依頼するケースが増え始めている。

　この種の委員会には、大きく分けて2つのタイプがある。ひとつは、企業等が弁護士に対し内部調査への参加を依頼することによって、調査の精度や信憑性を高めようとするものである（以下「内部調査委員会」という）。確かに、適法・不適法の判断能力や事実関係

〈資　　料〉

の調査能力に長けた弁護士が参加することは、内部調査の信頼性を飛躍的に向上させることになり、企業等の信頼回復につながる。その意味で、こうした活動に従事する弁護士の社会的使命は、何ら否定されるべきものではない。

　しかし、企業等の活動の適正化に対する社会的要請が高まるにつれて、この種の調査では、株主、投資家、消費者、取引先、従業員、債権者、地域住民などといったすべてのステーク・ホルダーや、これらを代弁するメディア等に対する説明責任を果たすことは困難となりつつある。また、そうしたステーク・ホルダーに代わって企業等を監督・監視する立場にある行政官庁や自主規制機関もまた、独立性の高いより説得力のある調査を求め始めている。そこで、注目されるようになったのが、企業等から独立した委員のみをもって構成され、徹底した調査を実施した上で、専門家としての知見と経験に基づいて原因を分析し、必要に応じて具体的な再発防止策等を提言するタイプの委員会（以下、「第三者委員会」という）である。すなわち、経営者等自身のためではなく、すべてのステーク・ホルダーのために調査を実施し、それを対外公表することで、最終的には企業等の信頼と持続可能性を回復することを目的とするのが、この第三者委員会の使命である。

　どちらのタイプの委員会を設けるかは、基本的には経営者等の判断に委ねられる。不祥事の規模や、社会的影響の度合いによっては、内部調査委員会だけで目的を達成できる場合もある。しかし、例えば、マスコミ等を通じて不祥事が大々的に報じられたり、上場廃止の危機に瀕したり、株価に悪影響が出たり、あるいは、ブランド・イメージが低下し良い人材を採用できなくなったり、消費者による

「企業等不祥事における第三者委員会ガイドライン」の解説

買い控えが起こったりするなど、具体的なダメージが生じてしまった企業等では、第三者委員会を設けることが不可避となりつつある。また、最近では、公務員が不祥事を起こした場合に、国民に対する説明責任を果たす手段として、官公庁が第三者委員会を設置するケースも増えている。

　第三者委員会が設置される場合、弁護士がその主要なメンバーとなるのが通例である。しかし、第三者委員会の仕事は、真の依頼者が名目上の依頼者の背後にあるステーク・ホルダーであることや、標準的な監査手法であるリスク・アプローチに基づいて不祥事の背後にあるリスクを分析する必要があることなどから、従来の弁護士業務と異質な面も多く、担当する弁護士が不慣れなことと相まって、調査の手法がまちまちになっているのが現状である。そのため、企業等の側から、言われ無き反発を受けたり、逆に、信憑性の高い報告書を期待していた外部のステーク・ホルダーや監督官庁などから、失望と叱責を受ける場合も見受けられるようになっている。

　そこで、日本弁護士連合会では、今後、第三者委員会の活動がより一層社会の期待に応え得るものとなるように、自主的なガイドラインとして、「第三者委員会ガイドライン」を策定することにした。依頼企業等からの独立性を貫き断固たる姿勢をもって厳正な調査を実施するための「盾」として、本ガイドラインが活用されることが望まれる。

　もちろん、本ガイドラインは第三者委員会があまねく遵守すべき規範を定めたものではなく、あくまでも現時点のベスト・プラクティスを取りまとめたものである。しかし、ここに１つのモデルが示されることで第三者委員会に対する社会の理解が深まれば、今後は、

〈資　料〉

企業等の側からも、ステーク・ホルダー全体の意向を汲んで、本ガイドラインに準拠した調査が求められるようになることが期待される。また、監督官庁をはじめ自主規制機関等が、不祥事を起こした企業等に対し第三者委員会による調査を要求する場合、公的機関等の側からも、本ガイドラインに依拠することが推奨されるようになるものと予想される。これまでも、監督官庁による業務改善命令の一環として第三者委員会の設置が命じられる場合も見受けられたが、将来的には、単に第三者委員会の設置を命ずるにとどまらず、本ガイドラインに依拠した第三者委員会の調査を求めるようお願いしたい。

　いずれにせよ、今後第三者委員会の実務に携わる弁護士には、裁判を中心に据えた伝統的な弁護、代理業務とは異なり、各種のステーク・ホルダーの期待に応えるという新しいタイプの仕事であることを十分理解し、さらなるベスト・プラクティスの構築に尽力されることを期待したい。

「企業等不祥事における第三者委員会ガイドライン」の解説

企業等不祥事における第三者委員会ガイドライン

2010年7月15日
改訂　2010年12月17日
日本弁護士連合会

第1部　基本原則

　本ガイドラインが対象とする第三者委員会（以下、「第三者委員会」という）とは、企業や組織（以下、「企業等」という）において、犯罪行為、法令違反、社会的非難を招くような不正・不適切な行為等（以下、「不祥事」という）が発生した場合および発生が疑われる場合において、企業等から独立した委員のみをもって構成され、徹底した調査を実施した上で、専門家としての知見と経験に基づいて原因を分析し、必要に応じて具体的な再発防止策等を提言するタイプの委員会である。
　第三者委員会は、すべてのステークホルダーのために調査を実施し、その結果をステークホルダーに公表することで、最終的には企業等の信頼と持続可能性を回復することを目的とする。

第1．第三者委員会の活動

〈資　　料〉

1．不祥事に関連する事実の調査、認定、評価

　第三者委員会は、企業等において、不祥事が発生した場合において、調査を実施し、事実認定を行い、これを評価して原因を分析する。

(1)　調査対象とする事実（調査スコープ）

　第三者委員会の調査対象は、第一次的には不祥事を構成する事実関係であるが、それに止まらず、不祥事の経緯、動機、背景および類似案件の存否、さらに当該不祥事を生じさせた内部統制、コンプライアンス、ガバナンス上の問題点、企業風土等にも及ぶ。

(2)　事実認定

　調査に基づく事実認定の権限は第三者委員会のみに属する。

　第三者委員会は、証拠に基づいた客観的な事実認定を行う。

(3)　事実の評価、原因分析

　第三者委員会は、認定された事実の評価を行い、不祥事の原因を分析する。

　事実の評価と原因分析は、法的責任の観点に限定されず、自主規制機関の規則やガイドライン、企業の社会的責任（CSR）、企業倫理等の観点から行われる[1]。

2．説明責任

　第三者委員会は、不祥事を起こした企業等が、企業の社会的責任（CSR）の観点から、ステークホルダーに対する説明責任を果たす目的で設置する委員会である。

1）　第三者委員会は関係者の法的責任追及を直接の目的にする委員会ではない。関係者の法的責任追及を目的とする委員会とは別組織とすべき場合が多いであろう。

3. 提　言
　第三者委員会は、調査結果に基づいて、再発防止策等の提言を行う。

第2．第三者委員会の独立性、中立性
　第三者委員会は、依頼の形式にかかわらず、企業等から独立した立場で、企業等のステークホルダーのために、中立・公正で客観的な調査を行う。

第3．企業等の協力
　第三者委員会は、その任務を果たすため、企業等に対して、調査に対する全面的な協力のための具体的対応を求めるものとし、企業等は、第三者委員会の調査に全面的に協力する[2]。

第2部　指　針

第1．第三者委員会の活動についての指針

1．不祥事に関連する事実の調査、認定、評価についての指針
(1) 調査スコープ等に関する指針
　① 第三者委員会は、企業等と協議の上、調査対象とする事実の範囲（調査スコープ）を決定する[3]。調査スコープは、第三者

---

[2] 第三者委員会の調査は、法的な強制力をもたない任意調査であるため、企業等の全面的な協力が不可欠である。
[3] 第三者委員会は、その判断により、必要に応じて、調査スコープを拡大、変更等を行うことができる。この場合には、調査報告書でその経緯を説明すべきである。

〈資　料〉

　　委員会設置の目的を達成するために必要十分なものでなければならない。
　②　第三者委員会は、企業等と協議の上、調査手法を決定する。調査手法は、第三者委員会設置の目的を達成するために必要十分なものでなければならない。
(2) 事実認定に関する指針
　①　第三者委員会は、各種証拠を十分に吟味して、自由心証により事実認定を行う。
　②　第三者委員会は、不祥事の実態を明らかにするために、法律上の証明による厳格な事実認定に止まらず、疑いの程度を明示した灰色認定や疫学的認定を行うことができる[4]。
(3) 評価、原因分析に関する指針
　①　第三者委員会は、法的評価のみにとらわれることなく[5]、自主規制機関の規則やガイドライン等も参考にしつつ、ステークホルダーの視点に立った事実評価、原因分析を行う。
　②　第三者委員会は、不祥事に関する事実の認定、評価と、企業等の内部統制、コンプライアンス、ガバナンス上の問題点、企業風土にかかわる状況の認定、評価を総合的に考慮して、不祥事の原因分析を行う。

2．説明責任についての指針（調査報告書の開示に関する指針）
　第三者委員会は、受任に際して、企業等と、調査結果（調査報告書

---

[4]　この場合には、その影響にも十分配慮する。
[5]　なお、有価証券報告書の虚偽記載が問題になっている事案など、法令違反の存否自体が最も重要な調査対象事実である場合もある。

「企業等不祥事における第三者委員会ガイドライン」の解説

のステークホルダーへの開示に関連して、下記の事項につき定めるものとする。

① 企業等は、第三者委員会から提出された調査報告書を、原則として、遅滞なく、不祥事に関係するステークホルダーに対して開示すること[6]。

② 企業等は、第三者委員会の設置にあたり、調査スコープ、開示先となるステークホルダーの範囲、調査結果を開示する時期[7]を開示すること。

③ 企業等が調査報告書の全部または一部を開示しない場合には、企業等はその理由を開示すること。また、全部または一部を非公表とする理由は、公的機関による捜査・調査に支障を与える可能性、関係者のプライバシー、営業秘密の保護等、具体的なものでなければならないこと[8]。

---

[6] 開示先となるステークホルダーの範囲は、ケース・バイ・ケースで判断される。たとえば、上場企業による資本市場の信頼を害する不祥事（有価証券報告書虚偽記載、業務に関連するインサイダー取引等）については、資本市場がステークホルダーといえるので、記者発表、ホームページなどによる全面開示が原則となろう。不特定又は多数の消費者に関わる不祥事（商品の安全性や表示に関する事案）も同様であろう。他方、不祥事の性質によっては、開示先の範囲や開示方法は異なりうる。

[7] 第三者委員会の調査期間中は、不祥事を起こした企業等が、説明責任を果たす時間的猶予を得ることができる。したがって、企業等は、第三者委員会が予め設定した調査期間をステークホルダーに開示し、説明責任を果たすべき期限を明示することが必要となる。ただし、調査の過程では、設定した調査期間内に調査を終了し、調査結果を開示することが困難になることもある。そのような場合に、設定した調査期間内に調査を終了することに固執し、不十分な調査のまま調査を終了すべきではなく、合理的な調査期間を再設定し、それをステークホルダーに開示して理解を求めつつ、なすべき調査を遂げるべきである。

[8] 第三者委員会は、必要に応じて、調査報告書（原文）とは別に開示版の調査報告書を作成できる。非開示部分の決定は、企業等の意見を聴取して、第三者委員会が決定する。

〈資　　料〉

3．提言についての指針
　第三者委員会は、提言を行うに際しては、企業等が実行する具体的な施策の骨格となるべき「基本的な考え方」を示す[9]。

第2．第三者委員会の独立性、中立性についての指針

1．起案権の専属
　調査報告書の起案権は第三者委員会に専属する。

2．調査報告書の記載内容
　第三者委員会は、調査により判明した事実とその評価を、企業等の現在の経営陣に不利となる場合であっても、調査報告書に記載する。

3．調査報告書の事前非開示
　第三者委員会は、調査報告書提出前に、その全部または一部を企業等に開示しない。

4．資料等の処分権
　第三者委員会が調査の過程で収集した資料等については、原則として、第三者委員会が処分権を専有する。

5．利害関係
　企業等と利害関係を有する者[10]は、委員に就任することができ

---

[9]　具体的施策を提言することが可能な場合は、これを示すことができる。

ない。

第3．企業等の協力についての指針

1．企業等に対する要求事項

第三者委員会は、受任に際して、企業等に下記の事項を求めるものとする。

① 企業等が、第三者委員会に対して、企業等が所有するあらゆる資料、情報、社員へのアクセスを保障すること。
② 企業等が、従業員等に対して、第三者委員会による調査に対する優先的な協力を業務として命令すること。
③ 企業等は、第三者委員会の求めがある場合には、第三者委員会の調査を補助するために適切な人数の従業員等による事務局を設置すること。当該事務局は第三者委員会に直属するものとし、事務局担当者と企業等の間で、厳格な情報隔壁を設けること。

2．協力が得られない場合の対応

企業等による十分な協力を得られない場合や調査に対する妨害行為があった場合には、第三者委員会は、その状況を調査報告書に記載することができる。

---

10) 顧問弁護士は、「利害関係を有する者」に該当する。企業等の業務を受任したことがある弁護士や社外役員については、直ちに「利害関係を有する者」に該当するものではなく、ケース・バイ・ケースで判断されることになろう。なお、調査報告書には、委員の企業等との関係性を記載して、ステークホルダーによる評価の対象とすべきであろう。

〈資　料〉

第4．公的機関とのコミュニケーションに関する指針

　第三者委員会は、調査の過程において必要と考えられる場合には、捜査機関、監督官庁、自主規制機関などの公的機関と、適切なコミュニケーションを行うことができる[11]。

第5．委員等についての指針

1．委員および調査担当弁護士

(1)　委員の数

　第三者委員会の委員数は3名以上を原則とする。

(2)　委員の適格性

　第三者委員会の委員となる弁護士は、当該事案に関連する法令の素養があり、内部統制、コンプライアンス、ガバナンス等、企業組織論に精通した者でなければならない

　第三者委員会の委員には、事案の性質により、学識経験者、ジャーナリスト、公認会計士などの有識者が委員として加わることが望ましい場合も多い。この場合、委員である弁護士は、これらの有識者と協力して、多様な視点で調査を行う。

(3)　調査担当弁護士

　第三者委員会は、調査担当弁護士を選任できる。調査担当弁護士は、第三者委員会に直属して調査活動を行う。

---

[11]　たとえば、捜査、調査、審査などの対象者、関係者等を第三者委員会がヒアリングしようとする場合、第三者委員会が捜査機関、調査機関、自主規制機関などと適切なコミュニケーションをとることで、第三者委員会による調査の趣旨の理解を得て必要なヒアリングを可能にすると同時に、第三者委員会のヒアリングが捜査、調査、審査などに支障を及ぼさないように配慮することなどが考えられる。

調査担当弁護士は、法曹の基本的能力である事情聴取能力、証拠評価能力、事実認定能力等を十分に備えた者でなければならない。

2．調査を担当する専門家

第三者委員会は、事案の性質により、公認会計士、税理士、デジタル調査の専門家等の各種専門家を選任できる。これらの専門家は、第三者委員会に直属して調査活動を行う[12]。

第6．そ の 他

1．調査の手法など

第三者委員会は、次に例示する各種の手法等を用いて、事実をより正確、多角的にとらえるための努力を尽くさなければならない。
（例示）
① 関係者に対するヒアリング

委員および調査担当弁護士は、関係者に対するヒアリングが基本的かつ必要不可欠な調査手法であることを認識し、十分なヒアリングを実施すべきである。
② 書証の検証

関係する文書を検証することは必要不可欠な調査手法であり、あるべき文書が存在するか否か、存在しない場合はその理由について検証する必要がある。なお、検証すべき書類は電子データで保存された文書も対象となる。その際には下記⑦（デジタル調査）に留意

---

[12] 第三者委員会は、これらの専門家が企業等と直接の契約関係に立つ場合においても、当該契約において、調査結果の報告等を第三者委員会のみに対して行うことの明記を求めるべきである。

〈資　料〉

する必要がある。
③　証拠保全
　第三者委員会は、調査開始に当たって、調査対象となる証拠を保全し、証拠の散逸、隠滅を防ぐ手立てを講じるべきである。企業等は、証拠の破棄、隠匿等に対する懲戒処分等を明示すべきである。
④　統制環境等の調査
　統制環境、コンプライアンスに対する意識、ガバナンスの状況などを知るためには社員を対象としたアンケート調査が有益なことが多いので、第三者委員会はこの有用性を認識する必要がある。
⑤　自主申告者に対する処置
　企業等は、第三者委員会に対する事案に関する従業員等の自主的な申告を促進する対応[13]をとることが望ましい。
⑥　第三者委員会専用のホットライン
　第三者委員会は、必要に応じて、第三者委員会へのホットラインを設置することが望ましい。
⑦　デジタル調査
　第三者委員会は、デジタル調査の必要性を認識し、必要に応じてデジタル調査の専門家に調査への参加を求めるべきである。

2．報酬
　弁護士である第三者委員会の委員および調査担当弁護士に対する報酬は、時間制を原則とする[14]。

---

[13]　たとえば、行為者が積極的に自主申告して第三者委員会の調査に協力した場合の懲戒処分の減免など。

第三者委員会は、企業等に対して、その任務を全うするためには相応の人数の専門家が相当程度の時間を費やす調査が必要であり、それに応じた費用が発生することを、事前に説明しなければならない。

3．辞　　任
　委員は、第三者委員会に求められる任務を全うできない状況に至った場合、辞任することができる。

4．文　書　化
　第三者委員会は、第三者委員会の設置にあたって、企業等との間で、本ガイドラインに沿った事項を確認する文書を取り交わすものとする。

5．本ガイドラインの性質
　本ガイドラインは、第三者委員会の目的を達成するために必要と考えられる事項について、現時点におけるベスト・プラクティスを示したものであり、日本弁護士連合会の会員を拘束するものではない。
　なお、本ガイドラインの全部又は一部が、適宜、内部調査委員会に準用されることも期待される。

以　上

14）　委員の著名性を利用する「ハンコ代」的な報酬は不適切な場合が多い。成功報酬型の報酬体系も、企業等が期待する調査結果を導こうとする動機につながりうるので、不適切な場合が多い。

(参考資料)

調査並びに再発防止策検討の委託に関する覚書（案）

　株式会社〇〇〇〇（以下甲という）と「〇〇〇〇における不祥事に関する第三者委員会」（以下乙という）は、「〇〇〇〇社員によるインサイダー取引事件」に関して、甲の依頼により乙が事実の徹底解明のため調査を行い、1ヶ月程度を目途に、その結果と再発防止策を含む調査報告書を提出し公表する件に関して、以下の通り合意した。

1．乙の行う調査及び報告の範囲

1）甲は今回の事件に関し、甲の信頼回復と再発防止策を策定するために必要なあらゆる調査を行い、その結果と再発防止策の提言の公表を行うことを委託し、乙はこれを受託した。甲は全社挙げて本件調査に関して、乙に全面的に協力する。なお、この調査は前記目的達成の為のものであって、職員の処分や懲戒を目的とするものではない。

2）具体的な調査事項としては①本件事件に至る調査を行い、事実認定を行い、これを評価して原因を分析する。②本件不祥事の動機、拝啓、類似事案の存否を含めて、リスクベースアプローチの観点から甲の抱える統制環境や組織的問題点まで広く調査の対象とする。

3）調査報告書に関する起案権は乙に属し、甲は報告書の内容について介入しない。

2．乙の組織とその費用負担に関する事項

1）乙の構成員は弁護士××××を委員長とし、委員として弁護士△△△、□□□の合計3名とする。乙はその補助者として弁護士の所属する各法律事務所に属する5名の弁護士の協力を得ることとし、さらに特別の専門的知見を必要とする事項については乙が適切な者を選任し、コンサルタントとして委託することができるものとする。甲乙は協議の上、甲の職員の中から選任し、乙の事務局専従スタッフとすることができる。

2）構成員及び補助者の費用並びに調査及び提言に必要な経費は甲が負担する。

3）弁護士である構成員及び補助者の費用については原則として別途協議の上定める弁護士ごとのタイムチャージにより請求することとする。

4）弁護士ではない委員の報酬については甲と同委員が別途協議の上定める。

5）第一回の支払いは本年3月末日を以て請求時間を確定し、4月20日に支払われるものとする。以後毎月月末限り締切り、翌月20日に支払われるものとする。

3．調査並びに提言の報告書提出に関する期間の合意

調査は本年2月13日より開始し、5月中旬を目途として報告書を提出する。

報告書の提出には大きな影響のない場合であって、証券会社などの第三者又は一部の対象者等の協力が得られないなど、やむを得な

（参考資料）

い事由により期日までに完了していない調査が残った場合には、報告書提出後、乙はその状況を甲に報告した上で、協議の上、できるだけ速やかに調査を完了させるか中止することとする。

4．乙は本件調査が甲の役職員の個人情報や甲の組織的秘密情報に関わり、調査中のみならず調査終了後も情報の保存・廃棄・管理・取扱などに細心の注意が必要となることに留意して本件調査を行うこととする。

　　　　　　　平成　年　月　日

　　　　　　　甲

　　　　　　　乙

執筆者紹介

久保利　英明（くぼり　ひであき）

日比谷パーク法律事務所　代表弁護士
【出身大学、弁護士登録】
東京大学法学部卒業
1971年弁護士登録（第二東京弁護士会）
【経　　歴】
2001年　　第二東京弁護士会会長・日本弁護士連合会副会長
2001年　　10月〜野村ホールディングス株式会社　取締役（社外）
2004年〜　大宮法科大学院大学教授
2007年　　不二家「外部から不二家を変える」改革委員会委員長代理
2008年　　日本放送協会「職員の株取引問題に関する第三者委員会」委員長
　　　　　厚生労働省「標準報酬遡及訂正事案等に関する調査委員会」委員
2009年　　カブドットコム証券株式会社「特別調査委員会」委員長
【専門分野】
会社法全般（コーポレートガバナンス及びコンプライアンス、M＆A、株主総会運営、金融商品取引法、独禁法、代表訴訟等）
知的財産権法（特にエンターテインメント・ビジネスや通信・放送ビジネス等）
【著書、論文等】
『取締役・執行役ハンドブック』（共著）（商事法務・2008）
『株式会社の原点』（日経BP社・2007）
『経営改革と法化の流れ』（商事法務・2007）

齊藤　誠（さいとう　まこと）

弁護士法人斉藤法律事務所　代表者　社員
【出身大学、弁護士登録】
東京都立大学　法学部卒業
1978年弁護士登録（東京弁護士会）
【経　　歴】
日本弁護士連合会　弁護士業務改革委員会委員
（企業の社会的責任（CSR）と内部統制に関するP・T座長）
日本弁護士連合会　男女共同参画推進本部委員
社会的責任に関する円卓会議　総会委員（専門委員）
日本CSR普及協会　理事　運営委員
高周波熱錬株式会社　取締役（社外）
【専門分野】
専門分野は、企業の社会的責任（CSR）会社のコンプライアンス・内部統制、および一般民事・家事など
【著書、論文等】
共著「21世紀の女性施策と男女共同参画社会基本法」（ぎょうせい・2000）
共著「男女共同参画推進条例のつくり方」（ぎょうせい・2001）
日本弁護士連合会『自由と正義』2005年5月号「企業の社会的責任の規格化」

野村　修也（のむら　しゅうや）

中央大学法科大学院 教授
森・濱田松本法律事務所 弁護士
【出身大学、弁護士登録】
中央大学大学院法学研究科博士後期課程中退
2004年弁護士登録（第二東京弁護士会）

【経　歴】
1998年　中央大学法学部教授
2002年　法制審議会幹事
2003年　金融庁法令等遵守調査室長（現在に至る）
2005年　新司法試験考査委員（現在に至る）
2006年　郵政民営化委員（現在に至る）
【専門分野】
コーポレート（会社法）、M&A、事業再生・倒産法、保険関連法、コンプライアンス（不祥事調査等）
【著書、論文等】
「企業の社会的責任」（ジュリスト増刊『新・法律学の争点シリーズ5 会社法の争点[初版]』・2009）
『損害保険論』（木村栄一、平澤敦・共編，有斐閣・2006）
『年金被害者を救え―消えた年金記録の解決策』（岩波書店・2009）

國廣　正（くにひろ・ただし）

国広総合法律事務所
【出身大学、弁護士登録】
東京大学法学部卒業
1986年弁護士登録（第二東京弁護士会）
【経　歴】
1998年　山一証券「社内調査委員会」委員
2008年　内閣府・内閣官房・内閣法制局「入札監視委員会」委員長
2009年　消費者庁顧問（法令遵守調査室法令顧問）
【専門分野】
企業の危機管理、企業のリスク管理体制整備（コンプライアンス、内部統制、コーポレートガバナンス）、訴訟（会社法、金融商品取引法、独占禁止法分野）など

【著書、論文等】
「第三者委員会についての実務的検討（上）（下）」（NBL903号、905号）、
「それでも企業不祥事が起こる理由」（日本経済新聞出版社・2010）、
「内部統制とは、こういうことだったのか」（共著・日本経済新聞出版社・2007）。

行方　洋一（なめかた　よういち）

ブレークモア法律事務所　パートナー
【出身大学、弁護士登録】
上智大学法学部卒業
1996年弁護士登録（第二東京弁護士会）
【経　　歴】
1999年～2003年メリルリンチ日本証券にて、法務・コンプライアンス部（個人顧客部門）シニア・カウンセル兼コンプライアンス・マネージャー。
2003年～2006年金融庁検査局で、専門検査官・専門教育担当者として、金融証券検査および検査官教育等に携わる。
2009年より現職
【専門分野】
コンプライアンス、内部統制、金融法務、企業の社会的責任（CSR）、および反社会的勢力からの企業防衛など。
【著書、論文等】
「金融機関の顧客保護等管理態勢」（編著）（金融財政事情研究会・2008）
「改訂金融検査マニュアル下の内部管理態勢Q＆A」（監修／著）（金融財政事情研究会・2007）
「内部統制による企業防衛指針の実践」（共著）（青林書院・2008）

梅林　啓（うめばやし　けい）

西村あさひ法律事務所　パートナー
【出身大学、弁護士登録】
東京大学法学部第1類卒業
2007年弁護士登録（第一東京弁護士会）
【経　　歴】
1991年検事任官。東京、福岡、横浜、静岡、千葉地検検事、法務省刑事局付、在連合王国日本国大使館一等書記官、内閣官房副長官秘書官などを歴任。
2007年検事を退官し、弁護士登録。
【専門分野】
主として、一般企業法務、コンプライアンス、企業不祥事にかかる危機管理案件等に取り組む。
【著書、論文等】
社内調査はなぜ難しいか－その課題と進め方（NBL889号、890号）
金融機関役職員のインサイダー取引（ファイナンシャルコンプライアンス2009年9月号）
完全子会社等における不正行為に対する調査の進め方－グループ内部統制システムの確立のために（月刊監査役563号）

「企業等不祥事における
第三者委員会ガイドライン」の解説

2011年3月15日　初版第1刷発行
2020年5月5日　初版第3刷発行

編　者　日本弁護士連合会
　　　　弁護士業務改革委員会

発行者　小　宮　慶　太

発行所　株式会社　商　事　法　務
　　　　〒103-0025 東京都中央区日本橋茅場町3-9-10
　　　　TEL 03-5614-5643・FAX 03-3664-8844〔営業〕
　　　　TEL 03-5614-5649〔編集〕
　　　　https://www.shojihomu.co.jp/

落丁・乱丁本はお取り替えいたします。　　印刷／(株)戸田明和
© 2011 日本弁護士連合会　弁護士業務改革委員会　Printed in Japan
Shojihomu Co., Ltd.
ISBN978-4-7857-1848-0
＊定価はカバーに表示してあります。

JCOPY　〈出版者著作権管理機構 委託出版物〉
本書の無断複製は著作権法上での例外を除き禁じられています。
複製される場合は、そのつど事前に、出版者著作権管理機構
（電話03-5244-5088、FAX 03-5244-5089、e-mail: info@jcopy.or.jp）
の許諾を得てください。